THE BOOK OF MOODS

How I Turned My Worst Emotions Into My Best Life

蘿倫・馬汀——著
Lauren Martin
駱香潔——譯

獻給傑伊（Jay）：

他愛我的全部，包括我的壞心情。

但是，人生有太多的壞心情。

——摘自蕾娜塔・艾德勒（Renata Adler）的小說《快艇》（*Speedboat*）

目次

當好心情消失、沉重感襲來，我不知道自己身上到底發生了什麼事。這些不是單純的情緒，而是比悲傷或憤怒還要寬廣、濃重、複雜的感覺，不上不下、難以界定。有點像地震結束後的餘震，或是爆炸後空氣中久久不散的火藥味。神經科學家已經證實，情緒反應只會持續六十到九十秒。那麼嚴格說來，九十秒結束後殘餘的任何感受，可以稱為心情。

好心情使女性容光煥發、魅力四射，吸引跟自己一樣堅強、正面的人；壞心情則會讓這樣的人對你敬而遠之。好心情與壞心情是一體兩面。心如止水，意味著同時放棄光明與黑暗，會讓我變得索然無味，就像那些沒有光彩、沒有活力、沒有火花的空洞女子。所以我知道，我不想變得心如止水，而是想做到收放自如。

之前我對傑伊大吼時，聽見自己的聲音有種既陌生又熟悉的感覺，那時我就發現：我變得愈來愈像我媽。我跟我媽不一樣的地方是：她是在旅行之初陷入壞心情，而我是在旅行結束後。共同點是我們兩個都像老爺車，發動前跟熄火後，都非得砰砰碰碰鬧出一番動靜。她不發脾氣就無法冷靜下來，我不使性子就無法重新振作。總之，我們都有調適方面的困難。我們無法輕鬆自如地在各種狀態、事件、時刻之間穿梭。絆腳石一直是我們自己，是我們的想法阻擋和勒住了我們。一直到很後來我才知道，這種情緒叫做「焦慮」。在過去跟未來同時對我們施壓，導致我們對現實視而不見，思緒也變得紛亂。在這種狀態下，我們無法正常運作，也無法享受人生。焦慮的人不能算是好好活著，而是在掙扎求生。我們只能勉強撐住，等待焦慮結束，就這樣錯失可以享受人生的每一分鐘、每一個小時、每一天。

稱讚我的這群人走路得靠助行器，皮膚上有老人斑，身體裡有鈦合金髖關節。他們覺得我漂亮再正常不過，在他們眼裡年輕人沒有不好看的。但是這次我突然頓悟。他們為了什麼原因覺得我漂亮，這很重要嗎？對他們來說，我擁有世上最美好的東西，也就是他們所沒有的青春。我只會愈來愈老，現在就是我最年輕、最漂亮的時候。直到我接受了這個使我擺脫禁錮的真相，我才發現我根本不知道自己真實的模樣。

我照鏡子時看不見自己的雙眼，只看見眉毛需要修整；看不見自己的嘴巴，只看見嘴唇太薄；看不見自己的臉，只看見各種問題。照完鏡子，我如常度日。可是，我到底是什麼模樣？我從來就不知道。不過說起外貌上的缺點，我倒是如數家珍。每個女人都是如此。每個女人心中都裝滿她想改變的外貌缺陷，猶如一把上膛的槍，只要有人問起，她隨時可以如同掃射般滔滔不絕。

「自我耗損」理論認為意志力是有限資源。跟體力或力氣一樣，一天之中意志力用得愈多，就會變得愈少。你可以把意志力跟自制力想像成汽車油箱。一星期過了一半，這時油箱裡的油已用掉三分之二，你開始有點力不從心。你失去上健身房的動力。你對客戶漸漸失去耐心，通勤也變得難以忍受，令人想尖叫。很快地，油箱見底。於是當你終於走進家門，看見冰箱裡健康的剩菜時，你只想來一杯伏特加，然後叫一個披薩。這個時間待在家裡很無聊，因為這是你平常用來上健身房或寫日記的時間，或是保留給任何你想建立的健康習慣。因為無聊，所以你跑去你家附近的酒吧喝酒，把該做的事情全部拋諸腦後。

花時間寵愛自己、做讓自己愉快的事絕非自私行為，而是自我修復。知道哪些事能在你即將崩潰之際轉換你的心情，或是如何調整一週的工作步調以免耗盡意志力，是一種成熟的表現。

《女性新心理學》作者珍．貝克．米勒是精神科醫師，她對女性的人際關係見解獨到，提出女性自我意識的核心，是建立與維持人際關係的能力。她表示，友情的變化與失去都會讓人受傷。這種疼痛無異於分手或燙傷的疼痛。大腦會將他人的排斥詮釋為身體上的疼痛。當我們感覺到別人討厭或排擠我們，大腦會啟動處理身體受傷的神經迴路。這是人類祖先留下的演化模式，他們的安危仰賴人際關係，因此面對有可能被社會棄絕的情況時，大腦會自動啟動戰或逃反應。儘管人類的社會結構早已改變，但是這種反應並未消失。

有進一步的研究發現，兒童在主動交友時遭到拒絕，會在處理情緒的杏仁核留下紀錄，於是在成長過程中，對情感連結的渴望會跟遭到拒絕聯想在一起。這樣的時刻在我們的內心深處留下碎片。加上經年累月的背叛、人間蒸發和拒絕，我們對世界的認知會愈來愈扭曲。

心理治療師維琴尼亞・薩提爾專門研究家庭成員間的關係，她認為家庭會為每個成員指派角色，就算我們知道這些角色多麼有害、或多不正確，它們早已在家人的互動裡根深蒂固，每個家庭皆然。

角色是溝通方式。我們學會這種溝通方式，並且習慣用它來跟家人互動。角色使家庭的運作維持某種「和諧」，每次你跟媽媽或姊妹說話時，她們會期待你扮演這個角色。如果你不演，她們只得即興演出。薩提爾說，家庭最常見的溝通類型有五種。家庭成員不會本色演出，而是每個人都從五種角色中選一種，然後依照角色的價值觀和習慣，來跟其他人溝通。

看清大家的角色後，我可以改寫劇本，不讓劇情走向相同的結局。回應我妹的話沒有用，她只會用更多挖苦與事實來反擊我。我可以把我爸的玩笑當成示警信號；他登場是為了提醒我停止交戰，別再斤斤計較，和平收場。

有時候，壞心情跟某些人、事或期待無關，跟過去或未來也無關。只跟我自己有關。在各種壞心情之中，理解這種壞心情最花時間，雖然它理應很容易明白。我之所以花了這麼長的時間才明白，是因為對它視而不見。我羞於承認對自己這麼不了解、承認我的身體如此失控，我睡不好、吃不好、月經不規律。美國舞蹈家瑪莎・葛蘭姆說過：「身體是一件神聖的衣服。它是你這輩子第一件衣服，也是最後一件。你穿著它出生，穿著它離世，它應當獲得尊重。」我可能不知何時不再尊重自己的身體，或是根本從未尊重它。現在，我要拾回這份尊重。我是在了解並接受身體的能力極限後，才學會尊重身體也有做不到的事。唯有接受我的身體是無比複雜的生物學奇蹟，我才能接受自己確實因此需要悉心照顧。身為女性必須以血付出代價，所以在戰鬥前，我們必須好好照顧自己，養精蓄銳。

有項研究調查了哪些因素會造成不成比例的情緒反應，結果發現會導致過度反應的四大因素是不公平、不禮貌、失去尊嚴和遭受拒絕。這種壞心情跟評斷有關，跟我們認定眼前的情況是否公平有關。我們的情緒反應，來自我們對情況的詮釋。

我曾因各種不值一提的小事情緒激動，例子多到不勝枚舉。交通延誤、邂逅的對象沒有留下聯繫方式、碰到詐騙，這些全像是刻意針對我的個人羞辱。最輕微的一陣風都能把我吹得心情惡劣，更別提失業或是淹水之類的嚴重事件。我不想再當這樣的人。我想成為堅強的女性，一個帶著尊嚴處理危機與災難的女性，一個就算行李遺失、也能雲淡風輕地說：「沒關係，只不過是一些衣服」的女性。你之所以堅強，是因為克服了那麼多困難。你經歷過那麼多難堪的場面，早就不在意別人怎麼想。

（以前）會讓我心情不好的事物

Things That (*Used to) Put Me in a Mood

我媽對我有意見
卡車轟隆轟隆吵死人
醜照
不認識的人說我長得像克萊兒・丹妮絲
沒趕上火車
飛機誤點
加班
語氣很差的電子郵件
IG限時動態
我的臉

我的頭髮
我的體重
餐廳很小，但客人很吵
傳了簡訊，對方沒有回覆

醜話說在前頭——這本書不會讓你變成高EQ小甜心[1]

Disclaimer

這本書收錄了我的各種壞心情。每一次吵架，每一次崩潰，每一個失去的時刻。這是一張地圖，標示出每一個曾使我發怒失控、但其實無關緊要的減速丘：一個眼神、一句評語、一個想法。這是一張清單，列出我浪費在焦慮、淚水、憤恨、指責的每個夜晚，以及我虛度的每個早晨：錯失日出、咖啡香氣、老公溫暖的懷抱、起床的單純幸福，只因為我覺得哪裡不對勁。這本書把這樣的時刻、這樣的情緒、這些把我拋入情緒深淵的無聊小事，以及我獲得的啟發，全部收集起來。

花了五年寫完一本書，喝了幾百瓶（或幾千瓶？）葡萄酒後，我依然是個情緒化的女人。我對周遭的人事物依舊感受深刻，一句負評就能刺傷我，不順遂的一天令我

1 譯註：原文標題「Disclaimer」本意為「免責聲明」，直譯雖精簡但無法反映完整涵義。補上此句，盼讀者不要對本書功效有錯誤期待。

難過，一張醜照使我難受。我仍然熱情、敏感，有時候很脆弱。我還是偶爾會為幾天前的事情懊惱不已，想對著虛空大聲尖叫，想狠狠擊碎自己親手建立的人生。但是現在，我不再被這些衝動、感受、想法所掌控。壞心情再也無法主宰我。

我不再是個隨時會爆怒的不定時炸彈。我不再聽別人訴苦後，沉浸在對方的情緒中，變成自己受到這些情緒左右。我不再像刺蝟一樣，一被觸碰就反擊，也不再像重播錄影帶一般，不斷倒帶回顧扎心的片段。現在我會去排除、去釋放，從中解脫。哪些事會誘發、刺激或緩和我的壞心情，如今我瞭若指掌，也因此知道如何扭轉它們。我知道怎麼把壞心情轉念成愛，轉念成同情，轉念成好心情。這些美好的心情一點一滴慢慢累積，凝結成美好的人生。

五年前我比較年輕，頭髮比較偏金色，當時我認定人生理當如何如何，過得很不快樂。直到大概半年前，這本書接近完成之際，我的人生才終於變得美好。我是指真正的美好。當時我坐在布魯克林的公寓臥室裡，忽然發現自己跟老公已經一年多沒有吵架。我是說那種激烈大吵。以前我們常吵架；我只要覺得別人攻擊我，就會說出很沒必要又極度傷人的話。老公對我不離不棄簡直是奇蹟。但這時我發現，我不再因為別人沒有回覆簡訊，或是摸到下巴有個小腫塊，就浪費好幾個小時苦惱到不行。我發現，過完二十九歲生日的那天，我從娘家搭火車回家時，沒有為了我媽說的某句話而難受一整路。這花了不少時間，因為我必須親身感受每一種壞心情，釐清它在對我傳達什麼，再經過一次又一次反覆練習，最後才能做到。現在我更加了解自己，也更加了解影響我的這些感受，我很享受這種前所未有的安心感。此時此刻，我不禁想起我在酒吧裡遇見的那個陌生人。要不是遇見她，我不會變成現在的我。

• • •

我們邂逅的那天，是一月中旬一個濕冷的夜晚。當時我二十四歲，剛開始跟男友（現在的老公）同居，很愛自怨自艾。我其實不悲傷，也不憂鬱。但內心就是狂躁不安。我的靈魂深處有東西在翻攪著，它緊緊纏住我不放。

我沒辦法這個樣子回家。上個星期就發生過一次，我帶著相同的沉重感與陰霾回到家，結果為了洗碗機的事對傑伊咆哮：「你從洗碗機拿出碗盤幹嘛這麼大力？」我們才同居三個月，我就已經開始破壞這段感情。我到底有什麼毛病？為什麼我不能快樂一點？我走出日光燈照亮的地鐵站，踏上布魯克林的陰暗街道時，這兩個問題一直縈繞心頭。我必須找法子安撫自己，擺脫死纏著我的東西，無論它是什麼。我只想到一個辦法：酒精。我只知道一家酒吧，距離我們家五條街。於是我過家門而不入，低著頭在寒夜中繼續前行，希望不要碰巧被傑伊或門房撞見。我推開店家霓虹招牌底下厚重的金屬大門時，一抬頭就看見她。

她留著一頭短短的紅棕色捲髮，穿著淡紫色裙子與黑色包頭高跟鞋，獨坐啜飲著馬丁尼。她不是傳統的超模款紐約美女。我甚至不記得她的長相了。我只記得自己一直忍不住偷瞄她，因為她有一股「氣場」。如果你在街上跟她擦身而過，你會有那麼一瞬把自己想成她，想像自己回到屬於她的世界：美麗的房子，英俊的丈夫，完美的人生。「這種悲慘的感覺她肯定很陌生，」我想，「她會在回到家後，一邊溫馨地問男友今天過得怎麼樣，一邊優雅地走來走去，手機叮叮作響通知有工作來信也絲毫干擾不了她。她從容面對一切。別人的評論、簡訊、想法，對她來說就好比滴落身上的水滴，轉瞬不留一絲痕跡。」

我跟她之間隔著幾張高腳凳。我拿出一本書假裝讀著，忽然間我聽見她的聲音。我猜她應該是在跟別人說話，因此沒有理會她。但過了會兒，始終沒有人回答她，於是我抬起頭來，這才發現她正看著我。她神采飛揚。「我很喜歡這個作者的書，」她帶著笑容又說了一次。我挪到隔壁的凳子上，她也是，現在我們之間只隔著一張凳子。她叫做喬安（Joanne），在曼哈頓一家大型科技公司擔任行銷副總裁。她說了什麼我已經忘了大半，因為我忙著觀察她。她自信、風趣，說話遇到重點時會特別大聲，但絲毫無損魅力。這股魅力成就了她的吸引力，而這股吸引力創造了一種與眾不同的風采，宛若一個盛裝著耀眼日光的容器，閃閃發光的每個顆粒和諧共舞。

兩杯黃湯下肚後，我們聊起比較私人的事。例如我跟男友是在哪裡認識的、我最喜歡哪一本書，以及我為什麼會在週一夜晚獨自來到酒吧，連喝兩杯雙份威士忌。她告訴我，她來這裡喝杯調酒獎賞自己，因為她拿下了一個大客戶。我啜飲一口威士忌後告訴她，我不想回家，我覺得不舒服。我說，這很難解釋清楚。但是當她建議我「說說看呀」，我終於忍不住了。我心想，也許我可以當成是在向自己解釋。於是我告訴她，這幾年我的人生事事如意：找到好公寓、好男友，在紐約發展事業……，但這些並沒有帶來快樂。儘管我用力叫自己快樂一點，卻還是經常情緒崩潰、大發雷霆、傷人傷己。我怎麼會年紀愈大，自制力反而愈差？就算事事順利，我還是動不動就生氣。明明沒什麼好焦慮的，但就是非常焦慮。分明人生美好，我卻煩躁、易怒、緊張兮兮。問題是，我無法解釋自己為什麼會這樣。

我一口氣說完，面前的酒仍是滿杯，她的酒卻已喝掉一半。她靜默不語，只是看著我。我心想完蛋了。她是不是覺得我很瘋？我是不是講了太多？我該不會嚇到她了吧？

「原來你也一樣。」她終於開口。

「什麼一樣？」我問。

「經常心情不好呀。」

這些我怎麼甩也甩不掉的感覺，就是「心情不好」嗎？這些緊張、敏感、絕望的時刻？她沒有說我很焦慮，沒有說我需要換個新男友或新工作，也沒有說我是瘋子。她跟我一樣。她也會有這些感覺。「我有相同的感受」這幾個字散發出希望之光，而且她說這話時看起來挺正經的。這兩個因素合力改變了我，彷彿扭緊了我體內的某個螺絲，使我不再顫抖。我心情不好。這不是一句假設，而是一句宣言。我一點也不在乎她說對還是說錯，就算她是個瘋婆子，我只是剛好在她狀況比較好的這天遇見她，那也無所謂。這事與她無關，重要的是她所代表的意義：希望，可能性，改變。那是一種可以測量、觀察、改變和掌握的東西，不再虛無飄渺。由於喝了威士忌，也因為這份頓悟，我踏出酒吧時有些飄飄然。那一刻，我決定努力探究影響我的各種「壞心情」。

心情是什麼？

不可思議地，我的人生似乎受控於兩股電流。一股是歡樂的正電，一股是絕望的負電。每個當下，無論是哪一股電流正在流動，那股電流就主宰著我的人生，將之淹沒。

——希薇亞・普拉絲（Sylvia Plath），美國詩人

別人隨口說出的評論，能對我們產生長遠的影響。我國小五年級時，瑪拉・科恩（Marla Cohen）說我的「眉毛很奇怪」。當時我們坐在學校餐廳裡的長凳上，頭頂的天花板垂掛著五顏六色的英文字母。瑪拉這句話稍稍改變了我的生活，從此以後我不管遇到誰，都會忍不住觀察他的眉毛。就連看電視也一樣，我會一直觀察演員的眉型、眉毛的彎度與寬度。只要照鏡子，我也一定會注意自己的眉毛。眉毛成了我永遠不會忽略的東西。除了眉毛，現在又多了壞心情。

喬安在酒吧說的那些話，在別人聽來或許根本沒什麼，卻開啟了我的意識底層中，某個我從未理解或注意的地方。現在「壞心情」就像眉毛一樣，時時出現在我的

雷達範圍內。我妹那麼焦慮、那麼機車，是因為她心情不好嗎？若是如此，她自己知道嗎？她的心情什麼時候才會變好？我跟老闆講電話時，她聽起來跟平常不太一樣，語氣緊張、用句簡短，我會猜她可能心情不好。星巴克店員點餐時，突然從親切多話變成惜字如金，可能不是因為我給的小費不夠多，而是他跟普羅大眾一樣，難免會心情不好。

我對人與環境散發的能量一直相當敏感，能察覺別人細微的情緒變化，就像氣溫哪怕只是稍微下滑，我也能立刻感覺到。而現在，彷彿一夜之間，我對活在這個世界上的自己有了新的認識。負擔減輕了。我變得更自在。好比我一直亂唱某一首歌，直到現在才知道歌詞是什麼。我終於明白了。原來大家的壞心情跟我的壞心情一樣，料不定何時會出現，而且難以控制。知道這一點後，我跟別人往來時變得比較沒有負擔。這輩子第一次，我明白他們的心情是好是壞不一定跟我有關。

當然，我依然感受得到別人的心情。我愈關注別人的心情，就愈知道心情的力量有多強。一個人的心情，會流淌到另一個人身上。心情會填滿空氣。別人的心情會隨著你最細微的心情變化而改變。我親眼看見自己的壞心情如何殘害身邊的人。我的怒氣纏上傑伊的脖子，鑽進他的鼻孔，拉著他跟我一起沉淪。於是壞心情偷偷跟著他，又經由電話傳染給他媽。「原來是這樣，」我心想，「跟病毒一樣，壞心情一傳十、十傳百。」

另一方面，我也看到好心情的魅力與影響力。我狀態好的時候，別人會對我敞開心扉。他們會受我吸引，就像我在酒吧裡被喬安吸引那樣。我能點燃自己的火花，為在場的每個人帶來光明與能量。好心情旋轉飛舞，不只改變了我，也改變了我周遭的人。傑伊愛上處於好心情的我，一次又一次。我知道，好心情使我處於最佳狀態。

當我處於最佳狀態，一切都在正軌上。我的言行不只對自己有益，也對身旁的人有益。我好好運動、注重飲食、專注聆聽、寬容待人。我心情不好的時候，則表現出最惡劣的一面：陰沉、刻薄、暴躁易怒。我變得冷漠、疏離，或是極端緊繃。這樣的我會帶來陰暗，靠近我的人都會陷入愁雲慘霧。我小題大作，舉止衝動，誤解所有訊息，疏遠我愛的人，一覺醒來才萬分懊惱地自問：「我為什麼要那樣？」

我曾試圖了解這些壞心情，結果徒勞無功。當我因為心情不好，所以不想做某件事、去某個地方、或是表現出該有的樣子時，我不知道如何描述自己的想法與感受。當好心情消失、沉重感襲來，我不知道自己身上到底發生了什麼事。這些不是單純的情緒，而是比悲傷或憤怒還要寬廣、濃重、複雜的感覺，不上不下、難以界定。有點像地震結束後的餘震，或是爆炸後空氣中久久不散的火藥味。

神經科學家已經證實，情緒反應只會持續六十到九十秒。那麼嚴格說來，九十秒結束後殘餘的任何感受，可以稱為心情。神經解剖學家吉兒．泰勒博士（Dr. Jill Bolte Taylor）在著作《奇蹟》（*My Stroke of Insight: A Brain Scientist's Personal Journey*）[2]中寫道：「受到刺激時，我的大腦會釋放化學物質，這些物質會迅速流遍我全身，造成生理感受。在受到刺激的九十秒內，觸發憤怒的化學物質會在我的血液裡徹底消散，憤怒的自動反應就此結束。如果九十秒結束後我依然感到憤怒，那是因為我選擇讓憤怒反應延續。」藏傳佛教比丘尼佩瑪．丘卓（Pema Chödrön）也相信，持續超過一分半鐘的情緒就不再是自動反應，而是因為你決定重複激發同樣的想法、同樣的情緒。佩瑪．丘卓認為，心中不帶批判任由情緒存在九十秒後，情緒就會消失。一如所有的自我成長建議，科學家與佛教徒都把消化情緒這件事說得很容易：放下情緒，心情就不會變壞。不要執著，往前走。但實際過程複雜許多，也困難得多。我的情緒總是橫空殺出，等我釐清自己的感受時，一切已經太遲，我早已陷入壞心情。

還有一件事很奇怪：傑伊心情不好的頻率和程度都比我低。我們朝夕相處的時間愈長，我愈發相信壞心情是女性的專利。我們或許可以說，女性容易受到壞心情影響。有實驗請男女受試者先放空腦袋，再掃描他們的腦部，結果發現：女性的大腦有個區域仍會持續放電，而男性的大腦不會。這個區域叫做「旁邊緣皮質」(paralimbic cortex)，用來過濾人類對環境的情緒反應，這意味著女性儘管處於休息狀態，大腦還是忙得很，想要處理周遭的各種情緒線索。有些研究者認為，這能解釋為什麼女性經常具備敏銳直覺。無論身在何處，女人從未停止收集蛛絲馬跡。也就是說，我們其實從未真正休息。

為了滿足育兒需求，女性的大腦功能確實演化成與男性有別。我們藉由情緒建立情感連結的能力，以及解讀他人情緒的能力，都有助於保護孩子周全，確保人類這個物種持久不衰。但這種能力也容易使女性陷入憂鬱和焦慮。神經科學家已經證實，跟男性比起來，女性的記憶不僅更牢固、更鮮明，喚起記憶比較快，情緒也比較強烈。或許正因如此，女性罹患憂鬱症與創傷後壓力症候群的機率，是男性的兩倍。

於是我在閱讀與女性有關的內容時，開始特別注意心情。每一句引述，每一個故事，每一段訪談，似乎都隱藏著「情緒波動」這個內在主題。英格麗・褒曼（Ingrid

2 譯註：《奇蹟》的繁體中文版由天下文化翻譯出版。

Bergman）[3]說：「我記得有一天我坐在泳池旁邊，不知道為什麼突然淚流滿面……我功成名就，生活無虞，但就是缺少了什麼。我的內在好像發生了大爆炸。」我完全知道她在說什麼，因為我有相同的感受。我聽見史蒂薇・妮克絲（Stevie Nicks）[4]唱出「但我從來就不是蔚藍的寧靜海／我是一場風暴」時，我知道心情不是我獨有的罕見疾病。心情是女性的一部分。

我之所以如此確信，不只是根據女性自身的說法，也根據其他人對女性的描述。記者吉恩－保羅・昂托旺（Jean-Paul Enthoven）曾形容法國電影明星法蘭索娃・朵雷雅克（Françoise Dorléac）：「美麗，年輕，才華洋溢，平易近人，整個人籠罩著一股焦慮。」作家法蘭西斯・史考特・費茲傑羅（F. Scott Fitzgerald）[5]在寫給妻子的一封信中說：「我若非這麼愛你，你的心情不會那麼深刻地影響我。」導演威廉・弗萊（William Frye）曾說美國演員貝蒂・戴維斯（Bette Davis）：「就像許多傑出的藝人一樣，充滿矛盾。她是個喜怒無常而且任性的惡霸，動輒對人產生頑固的成見與明顯的好惡；但另一方面她是個敏感的女人，會深切關懷你的身心健康（前提是你是她真心喜愛的少數幾個人之一）。」

就是在那個時候，我成立了部落格「女人說」（Words of Women）[6]。我需要一個地方記錄我的發現、心得，以及對我有幫助的資訊。於是我在最低潮的絕望時刻，開了這個部落格。它是一個空間，一條時間軸，一個容身之地，我把對自己有幫助的語句都放在這裡。雖然我是如此定義這個部落格，但其實渴望陪伴也是原因之一。寂寞是長久以來折磨我的一種壞心情，或許它的源頭就在於我缺乏安全感。以客觀條件來說，我沒有理由寂寞；但是在內心深處，我選擇了寂寞。總之，姑且不去探究我寫部落格真正的動機是什麼，我覺得有必要把自己的發現分享出去。因為在我碰到喬安時，在我發現像我這樣的人很多時，在我聽到別人說「我有相同的感受」時，我知道那是怎樣的感覺。

我只搜尋女性，因為我知道，只有女性才明白這種感受。美國作家薇拉．凱瑟（Willa Cather）曾說：「女人的苦，只有女人才知道。」這是生平第一次，我覺得有人懂我。這些女性，這些表現傑出、才華洋溢、功成名就的女子，也跟我有相同感受。所

3 譯註：英格麗．褒曼是瑞典知名演員，曾榮獲三座奧斯卡金像獎。

4 譯註：史蒂薇．妮克絲為美國搖滾樂團佛利伍麥克（Fleetwood Mac）的前主唱，此處引述的歌詞來自佛利伍麥克的作品《風暴》（*Storms*）。

5 譯註：法蘭西斯．史考特．費茲傑羅是小說《大亨小傳》（*The Great Gatsby*）的作者。

6 作者是指她的臉書專頁與Instagram商業帳號，兩者均名為「Words of Women」，內容同步更新，分享來自女性的名言佳句和作者自己的體悟。

以我決定把部落格命名為「女人說」。（這本書引用的名言佳句也大多出自女性。）

除了名言佳句與訪談，我還會介紹每一位女性背後的故事。因為少了故事，再棒的佳句也會失去況味。故事賦予了這些字句雋永的意義。接著，我開始分享這句話帶給我什麼幫助，它如何填滿我內心的虛無，磨平寂寞與恐懼的尖角。當我把內心深處的感受分享出去，我知道，這不再只是我個人的旅程。我正在幫助其他女性了解自己的感受。在她們滑IG上的模特兒美照與修圖精緻的廣告時，我用未加修飾的真相橫插一腳，指出女人都會碰到的各種挑戰。我寄出的電子郵件裡，沒有餅乾食譜與護膚建議，僅僅訴說我碰到哪些糟心事、寫作怎樣令我焦慮，以及哪些名言佳句幫助我度過難關。

無論是閱讀、觀看或耳聞女性的故事，我發現知道得愈多，就愈了解心情的影響力絕對不亞於詛咒。好心情使女性容光煥發、魅力四射，吸引跟自己一樣堅強、正面的人；壞心情則會讓這樣的人對你敬而遠之。好心情與壞心情是一體兩面。心如止水，意味著同時放棄光明與黑暗，會讓我變得索然無味，就像那些沒有光彩、沒有活力、沒有火花的空洞女子。所以我知道，我不想變得心如止水，而是想做到收放自如。

心情從何而來？

對不起，我之前對你那麼壞、那麼可惡。那些時光我們原本可以和樂相處的，卻因為我而變得那麼痛苦。

——賽爾達・費茲傑羅（Zelda Fitzgerald）寫給法蘭西斯・史考特・費茲傑羅的信

我的好心情似乎找不到源頭；好心情是我的自然狀態。心情好的我才是原本的我，心情不好的我會變成另一個人。好心情的感覺每次都差不多，但壞心情卻有百百種，味道、重量、程度各異。看到朋友發了限時動態，發現他們出去玩卻沒有約我，我心情不好。那是一種微小的內在變化，久久不散，只因為一張照片。耶誕節親戚聚會時，姑姑說我變胖了，我心情不好。她的批評纏住我的靈魂，以另一種方式重重壓住我。還有上班的那種心情不好，比如下午看電腦看到厭煩，還有想到下班要擠地鐵回家更是煩躁到不行。在記錄這些壞心情的過程中，我注意到一個模式——這些感受，這些壞心情，一定有個「刺激」：一張照片，一個念頭，一句評論。如果好心情是我的自然狀態，那麼我之所以心情變差，肯定是有外力把我拉出自然狀態。

從小到大，總有人告誡我要留心那些危及生命的重大威脅：死亡、疾病、貧窮。這些事情會傷害我，會帶來痛苦與折磨，足以毀滅我的人生。從來沒人警告我要提防生命中的小問題：飛機誤點、擠地鐵通勤、都成年了還長青春痘、語氣不佳的電子郵件、惡意的評論、醜照、鏡子擺錯角度、擔憂過去跟未來。這些小事每天啃蝕我，以致我的傷口從未癒合，更沒有機會結痂。經過這麼多年，我才終於明白：**重點不是我心情不好，而是什麼「刺激」到我。**

這些刺激我的事物特別容易觸發我的壞心情。只要能避開它們，就能避開隨之而來的負面情緒。有好一陣子，我刻意避開我所知道的所有刺激。我不上社群媒體，減少跟我媽講電話，換工作，換髮型。問題是，避開一種刺激，反而會招來另一種。不常上社群媒體後，我更常留意酒吧裡、雜誌中跟廣告招牌上的美女。不常跟我媽講電話後，傑伊、我老闆和其他朋友的評論反倒更令我心煩。減少通勤時間後，家裡令我受不了的東西反而變多了。

我因而了解到，刺激是避不開的。它們是生命經驗的一部分，不會自動改變，無法藉外力扭轉，也無法避開。心理學家將它們定義為會喚起創傷記憶的刺激。情緒專家、心理學家與科學家也認為，事件會觸發感受，而壞心情是我們對這些感受的反應。

就算觸發情緒的事件已經結束，壞心情卻不會消失。想要了解壞心情，不只要探究情緒，還要探究觸發情緒的事。

我終於知道，壞心情並非憑空出現。焦慮、憤怒、恐懼、傷痛，這些折磨我的感覺，不是來自我內心某個未知的地方，而是來自外在，來自這些尋常的小小刺激。而使我痛苦的，不是這些刺激，而是我對這些刺激的反應。

飛機誤點，地鐵擠爆，婚禮當天臉上冒出青春痘，都不是我能控制的事。**唯一操之在我的，是我怎麼樣解讀和回應難以逆料的惱人狀況**。因為我不可能阻止發生在身上的每一件事。人生中的大小事太難預料、太難確定，也太難改變。我只能把這些刺激當成教訓和提醒。當我碰到需要特別注意的情況，心中的警鈴就會作響，就好像一次次撞到尖銳的桌角，直到我學會繞道而行。

我沒有像伊莉莎白・吉兒伯特（Elizabeth Gilbert）[6]那樣去印度靈修，也沒有像雪兒・史翠德（Cheryl Strayed）[7]一樣徒步跨越荒漠。我的旅程，是在紐約市度過一段孤獨的日子。我花了整整五年，在骯髒且平凡的現實縫隙中穿梭。去經歷身為女人這件事。經歷那些使我疼痛、不爽、受傷的小事。那些批評、沒有收到回覆的簡訊、爭吵、青春痘、延誤。那些刺激。

這本書記述了我這趟個人旅程，深入我的情緒，揭露每一次壞心情背後的涵義與真相。這些壞心情，是美好人生的阻力。書中的每一章，分別代表過去五年的某個時刻，我發現自己心情不好的時刻。某個事件、某件看似微不足道的小事惹毛我，而我有能力察覺、記錄、理解它，辨認出它的樣貌。然後在接下來的幾天、幾週、幾個月，我會努力探究它、解析它、用它來練習。雖然它出現的那一刻已經過去，但類似的情況仍會發生。下次再出現類似的感受、心情與刺激時，我會使出不同的招式。這些招式參考了醫生與心理學家的建議，以及數百位我從書籍和文章中汲取的女性經驗。我會跟大家分享我常用的招式，我至今仍在使用的招式，我知道確實有用的招式，可以先發制人、阻止心情變壞的招式。

過去這五年我結了婚，失去了幾個朋友，結交了新朋友，換了新工作，搬了幾次家，還曾在逛百貨公司時跟未婚夫吵架。但是這些時刻的我，有一點跟過去不一樣，那就是我完全了解自己的感受。我一邊觀察自己的痛苦，一邊與它們共處；一邊懊悔自己的反應，一邊分析這些反應；一邊滑進壞心情，一邊記錄下它們。在察覺壞心情突然侵襲我的過程中，在察覺這些感受影響我的過程中，我學會過去不曾擁有的一種技能：保持距離。拉開距離，我才能仔細觀察自己。

以前，我會整個人陷進壞心情無法自拔。早上張開眼睛，莫名其妙就心情不好。現在我會抽離，像旁觀者一樣檢視壞心情。「是的，這是我此刻的感受，」我會這麼想，「但是我為什麼有這種感受？它想告訴我什麼？」過去我認為，壞心情是我對自然感受的自然反應，但自從我提出疑問，我漸漸看見壞心情背後的問題。那是更深層、更根本的問題，倘若不解決，它會以各種形式反覆出現。我花費了這麼多時間，經歷了這麼多次壞心情，拉開距離觀察了自己那麼久，終於從敏感易怒、欠缺安全感、情緒化的女人，變得有能力克服、走過以及接受生命的低潮時刻，並且把這些時刻化為知識、力量與平靜。

7 譯註：伊莉莎白．吉兒伯特是美國作家，代表作是《享受吧！一個人的旅行》（*Eat, Pray, Love*）。

8 譯註：雪兒．史翠德是美國作家，代表作是《那時候，我只剩下勇敢》（*Wild*）。

CHAPTER 1

過去與未來：總學不會活在當下

The Mood: The Past and Future

症狀包括：解離，思緒停不下來，

經常說「我壓力很大」。

聽聽別人的經驗談

我好像得時時像馬一樣，戴著防止分心的眼罩，才能停止胡思亂想或是追憶過去。

——卡森・麥卡勒斯（Carson McCullers），《心是孤獨的獵手》（*The Heart Is a Lonely Hunter*）〔1〕

「你記得太多了，」我母親最近這樣告訴我，

「何必執著那些事呢？」

我說，「那我要把它們放在哪兒？」

——安・卡森（Anne Carson），〈玻璃散文〉（The Glass Essay）

回首過往是一種苦差，我記得的都不是好玩有趣的事。我只記得我想忘記的事，那些錯誤、悲哀、令我傷心的事。

——瑪莎・蓋爾霍恩（Martha Gellhorn），美國記者、作家

1 譯註：《心是孤獨的獵手》繁體中文版由自由之丘翻譯出版。

那天是星期二，陣亡將士紀念日（Memorial Day）〔2〕剛過沒幾天。我和傑伊走出布魯克林的地鐵站，兩人都曬黑了一些，手裡各自拉著行李。空氣是暖的，徐徐涼風捎來冬季最後的告別，帶來初綻放的花香，摻雜著紐約的臭味與汗味，融合成一股無庸置疑的氣味。那是充滿希望的氣味。我才剛動筆寫這本書，手上沒有書約，還沒找到出版經紀人，也不知道書何時才有機會出版。儘管如此，我面前的未來像一片寧靜的海洋。但我忘了，我的大腦也像海洋，隨時會有驚滔駭浪。我的壞心情堪比風暴，即使在風和日麗的日子，也會突然恣意肆虐。

走回公寓的途中，我們決定順道購買晚餐食材：牛奶、牛排，再加一顆番茄。傑伊主動請纓採買，對抗超市裡的人潮與迷宮般的走道；我負責在外面看行李。我記得自己站在路邊，屁股靠在消防栓上，身旁擱著兩個黑色行李箱。當時我覺得自己何其幸運。可以住在紐約，有個願意讓我在超市外面休息的體貼男友，青春正盛，擁有愛情，嗅聞著甜美的空氣。

就在這時，我的手機發出震動。我從屁股的口袋裡抽出手機，滑開一則電子郵件

2 譯註：陣亡將士紀念日是五月三十一日，紀念在戰爭中陣亡的美國軍人。

通知。我在一家行銷公司上班，雖然現在是週末連假，但老闆想知道我何時能做好下週的報告。這封信的內容只有一行，不到十個字。但語氣不像詢問，比較像是命令，光看一眼我就覺得不爽。我心中有根小小的控制桿被拉下，投影機猶如播放默片，一幕幕快速播放我的每個念頭：我明天不想去上班；通勤、處理電子郵件、開會等瑣事，將會破壞我這個週末找到的心靈平靜；我上一次報告時，緊張得雙手冒汗，台下的客戶兩眼無神；同事貝琪指出我寫的文案裡有錯字；她真討厭；又或者她其實沒那麼討人厭；說不定就是因為我經常寫錯字，才沒有出版經紀人回覆我；或許我不該妄想要出書。

傑伊回來時我嚇了一跳，也停止了胡思亂想。這十五分鐘，我原本打算優美地站著，一派輕鬆自在的樣子，將自己最好看的角度面向超市門口，希望傑伊走出超市一看見我，就想起當初為什麼愛上我。但是我沉浸在思緒中，忘了原本的計畫。他走出超市的自動門時，我的姿勢已經變形，彎腰駝背、表情痛苦。

「德蕾莎修女，謝謝你等我，」他開玩笑說。

「喔，對啊，沒問題。超市人多嗎？」我掩飾不了自己的語調，口氣呆板地念出台詞，因為這是一齣我根本不想參演的戲。

「多，我的老天。全食超市（Whole Foods）〔3〕簡直成了熱門聚會場所。」傑伊想要逗我開心。

「大概吧。」我深吸一口氣，原本不想接話，但呼氣時不自覺脫口而出：「可以回家了嗎？我事情很多。」

他露出受傷的表情，我知道我嚇著他了。我剛才把自己從美好的發呆狀態裡拽出來，現在把傑伊也拽了出來。「你幹嘛，」他說，「好端端的兇什麼？」

「我只想快點回家。」我語帶怒意，跟我最初想呈現的形象恰恰相反。可是，我忍不住。覆水難收。

「幸好我們家很近。」他說這句話時完全沒看我，而是看著面前的路；我們的公寓就在五條街之外。我知道他在想什麼。到底發生了什麼事？他走進超市時，女友明明很正常。走出超市後，怎麼就變成另一個樣子？我怎麼會在短短十五分鐘內，從心情平靜變成焦躁不安？其實什麼也沒發生，我只不過打開了一封電子郵件，然後一切就風雲變色。

3　譯註：全食超市是美國規模最大的有機食品超市。

壞心情要告訴你的事

我也不知道自己是怎麼回事。兩分鐘前，世界一片美好。春天翩然而至，讓人像飲下一杯舒服的涼水。我一直心懷感激，因為我們公寓旁的樹開花了，因為我們如此相愛，因為我住在紐約，因為我擁有自己嚮往已久的生活。但是短短一眨眼，我便陷入黑暗。空氣不再芬芳，我對傑伊的感情煙消雲散；夢想與希望的曠野，變成我不可能穿越的荒蕪沙漠；人生變得既艱難又不公，猶如一條勒緊脖子的繩索。

回到家後，我告訴傑伊我很累，沒辦法馬上煮飯。說完就整個人癱在沙發上，像反射動作一樣打開網飛找片，想逃離把我拉進憤恨裡的煩亂思緒。可是太遲了。三天週末連假帶來的寧靜安穩已被打破，此刻我處於失控狀態。我的腦袋裡，一個想法激發下一個想法，全在提醒我必須去做**某件事**。

我該做的事

✓ 規劃完美婚禮，才不枉費賓客大老遠開車或搭飛機前來參加。

✓ 養兒育女，但不要一結婚就馬上懷孕。
✓ 事業有成，但必須是一份能讓我懷孕後暫時離開的工作。
✓ 保持健康，但不要花太多錢買有機食品。
✓ 妝點外貌，但不要把薪水全花在打扮上。
✓ 戒酒，但多多參與社交活動。
✓ 回覆工作信件，不要等到信箱爆滿。
✓ 存錢，或是停止花錢。
✓ 付房租；我現在的房租太高。
✓ 去藥局拿藥，然後刪除連鎖藥局的多通電話留言。
✓ 買房子，可是現在的房租都讓我覺得吃力了，買房子根本是痴心妄想。

這些想法一個接著一個排山倒海而來，我內心的壓力愈積愈多，急著想怪到某個人的頭上。每一個念頭、每一段痛苦的記憶、將來的每一個問題，都是某個人或某個原因害的。要不是我媽說了那些話，我就不會對懷孕生子感到焦慮。要不是社會風氣給我壓力，我不用擔心自己美不美。要不是傑伊挑了這個昂貴的社區，我就不用付這麼多房租。但是，我的每一個論點都有漏洞，每一句責怪都有偏差。這些事只不過是人生常態，不是任何人的錯。結束自欺欺人的各種投射後，我只剩下自己，也明白這只不過是「我對一切感到焦慮」的壞心情。

我看過我媽陷入這種狀態，通常是在我們準備去旅行之前。她會突然覺得家裡太髒亂，抱怨自己有一大堆事情要做，擔心我們去機場的路上碰到塞車，趕不上飛機。我們對這樣的她習以為常，所以她講話語氣愈來愈嚴厲、愈來愈激動時，我們都假裝沒聽見，各自想著心事，以免誤踩地雷。我們不敢主動說要幫忙，因為多年的經驗告訴我們，她其實不需要幫忙，無論我們幫著做什麼事，她一定會嫌棄；我們怎麼做都不對。

於是我們只好在後座抱著背包，或是緊握車裡的把手，看著爸爸從繃緊脖子隱忍，到臉上爆青筋大吼，要我媽冷靜點。但我媽就是無法冷靜（或是不肯冷靜），於是原本只有她很緊繃，現在變成連我爸也是。此刻我回到布魯克林的公寓裡，躺在沙發上，傑伊忙著整理剛才買的食材，那令我痛苦的領悟再度浮現。之前我對傑伊大吼時，聽見自己的聲音有種既陌生又熟悉的感覺，那時我就發現：我變得愈來愈像我媽。

我跟我媽不一樣的地方是：她是在旅行之初陷入壞心情，而我是在旅行結束後。

共同點是我們兩個都像老爺車，發動前跟熄火後，都非得砰砰碰碰鬧出一番動靜。她不發脾氣就無法冷靜下來，我不使性子就無法重新振作。總之，我們都有調適方面的困難。我們無法輕鬆自如地在各種狀態、事件、時刻之間穿梭。絆腳石一直是我們自己，是我們的想法阻擋和勒住了我們。一直到很後來我才知道，這種情緒叫做「焦慮」。

美國心理學會（American Psychological Association）對焦慮的定義是「一種呈現緊張、憂愁與生理變化的情緒」。是對於**可能會**或**一定會**發生的事所產生的感受。法國哲學家西蒙・波娃（Simone de Beauvoir）曾說：「真有意思，她對還沒發生的事竟懼怕至此——怕到幾乎要發狂了。」研究顯示，女性擔憂的頻率是男性的兩倍，這也導致女性的焦慮程度是男性的兩倍。此外，女性也比較容易因為過去的負面事件，而擔憂未來可能也會發生負面事件，這種認知偏差叫做「錨定效應」。歌手芭芭拉・史翠珊（Barbra Streisand）的故事，正好適合用來解釋這種現象。

一九六七年史翠珊的事業如日中天。當時她剛拍完電影《妙女郎》（*Funny Girl*），正在巡迴宣傳新唱片。她在紐約中央公園舉辦一場演唱會，沒想到演唱中途竟然在十五萬名聽眾面前忘詞。不知道是否有人注意到她忘詞，總之演唱會沒有中斷。在那之後，史翠珊獲得五十二次金唱片獎、三十一次白金唱片獎，以及十三次多白金唱片獎。她是史上十大暢銷歌手中唯一的女性。

但這些成就都不重要。中央公園忘詞事件令她感到羞愧、懊惱、難過，以至於她後來長達近三十年拒絕再次巡演。她告訴記者戴安・索耶（Diane Sawyer）：「因為那天晚上的關係，我有二十七年沒開演唱會……我心想：『天啊，我不知道。萬一我又忘詞了怎麼辦？』」

一九九四年她宣布了演唱會計畫，門票一夜售罄，每場演唱會的收入高達一千萬美元。但她說，直到現在，她仍未走出中央公園忘詞的陰霾。只有在她真的很想得到某樣東西時，她才會開巡迴演唱會。例如她之所以同意網飛的巡演邀約，是因為她想買義大利畫家莫迪利亞尼（Modigliani）的一幅畫作。「我沒辦法為錢工作，我工作只是為了得到自己真心喜愛的東西。」

跟許多人一樣，史翠珊被自己的恐懼困住。她彷彿預見自己將搞砸演出，因而心生恐懼，索性決定再也不開演唱會。這種對過往的執著，這種源於恐懼的焦慮，是女性難以擺脫的折磨。過去跟未來同時對我們施壓，導致我們對現實視而不見，思緒也變得紛亂。在這種狀態下，我們無法正常運作，也無法享受人生。焦慮的人不能算是好好活著，而是在掙扎求生。我們只能勉強撐住，等待焦慮結束，就這樣錯失可以享受人生的每一分鐘、每一個小時、每一天。

解決之道清楚明瞭：停止懊惱過去、憂心未來。焦慮只存在於你的腦袋裡，是那些速度飛快、不受約束的思緒。但就算我停工數年，參加各種工作坊、靜默靈修營和冥想團體，我知道自己永遠無法遏止這些思緒。我的大腦總能夠挖出黑暗的記憶，我的思緒總能在我排隊、等待與失眠時預想未來。

過去太沉重，未來太霸道，我們很難真正逃離它們的影響。因此，我不得不在思想深處穿梭，帶著水手的自信迎向驚滔駭浪，在過去、現在和未來這三座浪峰之間來回航行。

向作家請益

我相信……透過真心而持續的書寫，必能領悟人生的真諦。

——丹妮・夏彼洛（Dani Shapiro），《筆耕不輟》（*Still Writing*）

我不需要刻意尋找使我焦慮的經驗。我不需要期待出現引發焦慮的事。我不需要特別留意適合練習的情況。因為當時我正處於此生最焦慮的階段。

我很快就發現，寫書就是焦慮速成班。把自己跟腦中的思緒單獨關在一個空間裡長達數年，檢視自己的未來與過去。起心動念之時，我沒料到寫書會伴隨著這樣的痛楚，因為一開始只有興奮。但是動筆三個月後，我已深陷大海、哀號掙扎，淹沒在恐懼之中。面對全白的畫面、空空如也的紙頁與信箱，我感受到前所未有的強烈沮喪、痛苦和焦慮。我淋浴時總是偷偷哭泣，右眼抽搐，還染了咬頭髮的新習慣。「我做不到，」我心想，「我不知道、不了解的事情實在太多了。」瓊・蒂蒂安（Joan Didion）曾描述她在寫《浪蕩到伯利恆》（*Slouching Towards Bethlehem*）這本書的過程，我感同身受：「痛苦使我夜不成眠，我一整天裡有二十、二十一個小時得喝琴酒兌熱水來麻痺痛苦，然後再吃迪西卷（Dexedrine）[4]來抵銷琴酒的作用，才有辦法寫作。」

問題是，我什麼也沒寫。我呆坐好幾個小時，毫無產出。

每當我坐下來打算寫點東西，整個人就會立刻陷入焦慮。「萬一沒人買怎麼辦？萬一寫不完怎麼辦？萬一我失去寫作的資格怎麼辦？」我看著眼前的空白頁，三小時過去了，依舊一個字也沒寫。然後我起身走出臥室，倒一杯威士忌。這本書的未來與我過去失敗的寫作經驗，那些大學時期的幼稚作品，網路上的劣等文章，紛紛朝我衝來，撞得我東倒西歪。跟蒂蒂安一樣，這種動彈不得的無力感與自我懷疑使我夜不成眠。傑伊在我身旁呼呼大睡時，我因為恐懼和質疑而輾轉反側。處於這種狀態的我，連維持正常生活都有困難，遑論寫作。

我必須想個辦法穩住自己，把自己從紛亂的思緒裡救出來。於是我一邊喝著威士忌，一邊搜尋了起來。我用的是老法子，也就是看看其他女性怎麼處理這種情況。我在日記裡寫滿作家、藝術家、領袖的名言佳句。我看了普立茲獎與諾貝爾獎得主的訪談影片。我閱讀《巴黎評論》（*Paris Review*）與《紐約客》雜誌（*New Yorker*），在文章中尋找建議、啟發和答案，看看這些女性為什麼沒有被未知的大海淹沒，面對眼前的艱鉅任務時，如何安然自處。

我發現，寫作上的建議無異於人生建議。我應該用作家對付白紙的方式，來對付我的人生難題。

4 譯註：迪西卷是一種興奮劑。

作家如何對付寫作焦慮

先確立邊角。擅長拼圖的人都用這一招。別管顏色跟形狀，先把直邊的那幾塊找出來。他們專注地拼湊小小的邊角。

——丹妮．夏彼洛，《筆耕不輟》

想成就美好的未來，就必須正視現在。

——西蒙．波娃，《名士風流》（*The Mandarins*）〔5〕

每當我坐下來工作時，只想著把一件小事做好。

——黛博拉．艾森柏格（Deborah Eisenberg），美國作家

別去想紛擾世事，放下焦慮。寫就對了，一個字一個字慢慢寫。

——安瑞特（Anne Enright），愛爾蘭作家

牢記自己是誰、身處何處，以及此刻正在做的事情。

——凱瑟琳・安・波特（Katherine Anne Porter），美國作家

這幾位作家的想法顯然有共通點：專注於當下。專注於面前的事物。不要想得太遠，也不要擔心中段和結尾，專注於你正在寫的這一頁就夠了。希薇亞・普拉斯、佩蒂・史密斯（Patti Smith）、阿嘉莎・克莉絲蒂（Agatha Christie）等無數作家，都說過與寫作焦慮有關的名句，但說得最清楚的，莫過於普立茲小說獎得主、寫過十四本著作的珍・史邁利（Jane Smiley）。「寫作這件事，」她說，「就是一次一個字地寫。不是一大堆事情同時發生。當然你的腦袋會冒出各式各樣的想法，但是當你面對白紙，最重要的是寫幾個字，寫完再寫幾個字。幸運的話，說不定能寫出一個句子，甚至一個段落。」

如此簡單，卻也如此深刻。這道理淺顯易懂，卻總是遭到忽略。一次一個字，一

5 譯註：《名士風流》簡體中文版由上海譯文出版社翻譯出版。

句話，最後凝聚成一本書。這結構猶如人生：一刻，一天，一生。書本是文字堆砌而來，生命是時刻累積而成。我專注寫下的這一個字，將引領出下一個字。我專注活著的這一刻，將開展成為我的未來。

我回到書桌前重新動筆時，發現當我專注在眼前的字句上，我對這本書尚未誕生的部分就不再感到畏懼。同樣的，只要專注於當下，我也不再擔憂未來。事實上，我專注於當下時會出現兩種情況：一是我既沒有時間、也沒有心神去擔憂未來；二是由於我只注意當下的事，所以未來自會水到渠成。

未來是每個當下積累而成的結果，只要我盡可能好好地活在當下，就不用那麼擔心「萬一」。比如說，我現在好好保養洗碗機，就不用特地再找時間做這件事。工作上的報告好好表現，就無須擔心將來有一天失去工作，或是擔心老闆會仔細審核。當我專注寫這一章時，沒必要擔心下一章怎麼寫。我學會相信自己，我過去從未這樣相信過自己。我相信自己可以活在當下，使將來的我因此受益。我愈相信自己，就愈不需要擔心未來。

「滑掉」糟糕的念頭

只要是無法讓我化腐朽為神奇的東西，我就會放手。

——阿內絲．尼恩（Anaïs Nin），美國作家

光是注意到自己沒有活在當下，就是戰勝這種心情的關鍵一步。跟壓抑癮頭的癮君子一樣，我必須管好自己愛亂遊蕩的思緒，在想法開始亂飄時趕緊拉住它，以免不知不覺跟著它走上那條黑暗之路。要留意自己不習慣留意的事很難。我該怎麼做，才能捕捉到大腦自動會做的事呢？

我們醒著的時候，大腦有四七％的時間在東想西想，只要一閒下來，大腦的額葉就會不停放電。額葉與記憶、認知跟學習有關，每當我們想要放空，額葉就會啟動。這叫做「預設模式網絡」（default mode network），能用來解釋大腦為何會在你走路去搭地鐵的途中自動想起往事，還有你為什麼會在洗澡時想起在超市忘了買什麼。大腦的想法至少有三分之一是負面的，此事已經證實。研究發現，人類處理苦差事的時候（例如塞車或排隊），會比沒事做或發呆時更加愉快。

不過，既然大腦會走神，就表示你也可以把它拉回來。磁振造影（MRI）的掃瞄結果顯示，我們發現大腦走神的時候，拉回思緒需要十二秒；經常冥想的人能較快拉回思緒。大腦有神經可塑性，因此我們經常練習的事會慢慢變成習慣。久而久之，大腦會根據這些習慣和信號，重新調整自己。如果你已經冥想多年，你的大腦會特別注意你有沒有走神，讓你比普通人更快把思緒拉回當下。

儘管這是事實，但我就是不愛冥想。這些話我聽到耳朵都快長繭。冥想可紓解壓力。冥想可促進健康。我知道冥想有益身心，偏偏我就是做不到。就像側手翻和紮蜈蚣辮一樣，看起來很簡單，但我總是學不會。我買過蠟燭，下載過幾個冥想app，也花了很多時間逛身心靈書店。但每次我試著坐在床上深呼吸，總是感覺怪怪的。這不像我。我做不到。我連習慣使用牙線都花了一番工夫。

於是，我轉而向作家請益。幾個星期後，我在丹妮・夏彼洛的書中找到答案。夏彼洛在《筆耕不輟》裡把寫作比擬為冥想，她引述冥想導師雪倫・薩爾茲柏格（Sharon Salzberg）的建議：「冥想的訣竅，只不過是在思緒飄走的那一刻懸崖勒馬。」

這句話讓我對冥想有了全新的理解。這個觀念既實用又容易上手，我可以試試。我不需要好用的app，也不需要每天早上花十分鐘在臥室裡獨處。我只要小心留意思緒就行了。走神的時候我不要生自己的氣，而是把它當成信號。

我發現，練習留意自己的思緒有一個好方法，那就是練習留意其他事情，而且要鉅細靡遺。這個領悟來自很久以前，我在某處聽到的寫作建議：在你每天走進的每個空間裡，指出至少一樣不應該出現在這裡的東西，並說明為什麼。我對這個建議印象深刻，因為很有意思。很吸引人。這使我想起以前學習基礎知識的經驗：唱歌學ABC，玩遊戲背西班牙語單字，用輔助記憶的技巧記住各州首府。

於是我如法炮製，把焦慮的思緒變成一場遊戲。我隨時注意自己有沒有走神，一旦發現走神了，就像打地鼠一樣跳上去狠狠地踩。上次去多明尼加的蓬塔卡納時，我在酒吧裡跌了一跤真是糗死了。啪。突然害怕自己得癌症然後死掉。啪。我擔心自己永遠結不了婚、也沒生孩子，孤獨終老。啪。我不忙著抑制焦慮的念頭，也不去想怎麼處理它們。我只是專注地留意它們是否出現。光是發現自己生出這樣的念頭，就足以使我看清它們有多荒謬。我無法干涉未來，也無力改變過去。我不再讓記憶、讓焦慮的想法圍困我，而是把它們當成必須一掌拍死的蚊子。

某天晚上，我將這件事告訴傑伊，他說他也做過類似的事，不過是借鏡於交友軟體Tinder。「你什麼時候用過Tinder？」我半開玩笑地問。

他供稱他已經好幾年沒用Tinder，不過一直記得當中有個功能，那就是「左滑」跟「右滑」。現在他也是用這一招處理自己的思緒。「腦袋冒出我不喜歡的念頭時，往左滑就對了。」我喜歡這個簡單明瞭的詮釋。跟我前面提到的寫作建議概念相同，但是更容易聽懂，更容易說明，也更容易了解。

練習次數愈多，做起來就愈輕鬆，慢慢就會習慣成自然。這件事也跟所有習慣一樣，上手後會變成反射動作，完全不用思考。當然，偶爾我還是會忘記。有時我會坐在沙發上發呆，沉浸在某個噩夢般的回憶中難以自拔，回到現實後既生氣又疲累。但如今就算碰到這種情況，對我來說也是遊戲的一環。這局輸了，下一局贏回來就是。

接受最壞的結果

生命的重點是好好活著。人生一定會碰到困難，可怕的事情一定會發生。你只能咬著牙繼續前進，堅強起來。

——凱薩琳・赫本（Katharine Hepburn），美國演員

我開始隨時注意和察覺走神的思緒後，也愈發留意思緒的流向。流向愉快之處，就是美好的白日夢；流向陰暗之處，就成了壞心情。陰暗之處位在由「萬一」建構的迷宮盡頭。萬一婚禮搞砸了怎麼辦？萬一我當眾出糗怎麼辦？萬一飛機誤點怎麼辦？萬一我被炒魷魚怎麼辦？萬一我沒被錄取怎麼辦？這些「萬一」根植於痛苦。令人討厭的痛苦。不舒適的痛苦。失敗的痛苦。我害怕的正是這種痛苦。「萬一發生最糟的情況，該怎麼辦」的痛苦。

女人跟「痛」之間的關係非常有趣。我們天生對「痛」這件事有所期待，我們知道「痛」一定會來。重擊的痛、抽搐的痛、生產的陣痛，我們照單全收。但面對身體以外的「痛」，例如背叛、尷尬、失去等等，我們卻怕得像個小孩。

為了知道如何適當判別疼痛等級，一九四八年的醫生想要製作一個疼痛量表。實驗對象是即將臨盆的孕婦。在兩次陣痛之間，醫生用熱風槍吹孕婦的手，請她比較陣痛與熱風槍的痛。醫生會逐步調高熱風槍的溫度，直到孕婦表示熱度達到陣痛的程度。這種疼痛量表（dolorimeter）以「多爾」（dol）為單位來評量疼痛程度，實驗取得的最高數據是十．五多爾，那名孕婦被熱風槍燙成二級灼傷。不過疼痛量表能否做為準確的測量工具，在科學界尚無定論，因為那名孕婦被燙成二級灼傷也沒把手挪開。若要涵蓋完整的疼痛程度，實驗者不可能不受傷。雖然疼痛量表的最高等級是十．五多爾，但是女性的疼痛絕對不止於此。

我實在搞不懂，既然我們承受得住這些可怕的必然，這些創傷的、痛苦的經驗，怎麼會因為想到一次糟糕的約會，或是某一天行程繁忙，就恐慌不已。我們都有勇氣對抗怪獸了，怎麼會被小老鼠嚇得花容失色？或許是因為我們對注定要承受的痛苦束手無策，只好把注意力放在有機會避開的痛苦上。或許喪失對身體的控制，體現為我們需要控制周遭的世界。

美國作家雷貝佳．索爾尼（Rebecca Solnit）認為，「『擔憂』其實是假裝自己知道某件事、或可以控制某件事。」這種不確定性有多令我們心煩，我們就有多焦慮。許多人浪費生命在渴望控制人生的不確定性。我們因為杞人憂天而擔心的每一天、進行的每次討論，或是導致伴侶關係緊張，都不過是浪費時間。這些失去的時刻猶似祭品，奉獻給我們對痛苦的恐懼所築成的神壇。我們如此怕痛，怕到用另一種痛苦來避開它。

要是我們接受痛苦是必然的，帶著它一起前行，會怎麼樣？如果你像接受已知事實一樣，勇敢無畏地接受未知，會怎麼樣？這是斯多葛主義（Stoicism）的核心宗旨。斯多葛主義是古希臘羅馬的一個思想流派，被視為佛教的發展基礎。「stoic」這個字有許多定義，但大致上意思都差不多：「無視痛苦」。我也聽過有人把它解釋為「勇敢接受」。我喜歡這個定義。那是一種不管會遇到何種痛苦，你都已學會接受的勇氣。一邊過日子，一邊做好迎接痛苦的準備，這是骨氣，也是一種獨特的勇氣。

古羅馬的斯多葛派哲學家塞內卡（Senaca）的一個小故事，完美展現了斯多葛主義。西元六十五年，塞內卡的一個朋友寫了封信給他，信中說自己遇到了麻煩。他發現有人對他提起訴訟，他擔心這會破壞自己的信譽，搞不好還得坐牢或是遭到放逐。跟大家一樣，他陷入恐慌。塞內卡在回信中提議：接受放逐。接受唾棄。接受你將遭受的羞辱。接受最壞的結果。就算輸了這場官司，還有比放逐或坐牢更嚴重的下場嗎？他回信不是為了安撫朋友，而是勸他想開一點。他建議朋友「對公正的判決心懷希望，為不公正的判決做好準備」。

我也想成為那樣的人，用理性和冷靜的目光看待世事。很快的，我就遇到了練習這種思考方式的絕佳機會。當時我在工作上犯了第一個真正的錯誤，那是我在全食超市門口查看老闆電子郵件的幾個星期後。她在信中提到的那場報告，後來令我焦慮了整整一個星期，但報告進行得很順利，我們拿下了那個客戶。一切按部就班，直到一週後我走進辦公室，在桌上看見那箱剛印好的傳單。

我在一家行銷公司當廣告業務，所以也要幫客戶處理各種創意設計內容。這次的客戶很大咖，就算只是幫他們設計音樂節傳單這樣的小任務，也是重要的工作機會。酬勞已經入帳，設計圖通過審核與覆核，字體改了又改，句子做了調動，顏色也調整了。終於能把成品交給客戶，我滿懷期待。我快速檢查一遍紙箱上的樣張，然後打電話叫快遞來收件。箱子裡至少有一萬張傳單，所以必須叫貨車快遞，不能叫單車快遞。

兩個小時後，老闆把我叫進辦公室。我從沒聽過她用這麼激動的語氣說話。「你有檢查傳單的樣張嗎？」她問我。我回答得小心翼翼。這是個陷阱題嗎？

「有，」我說。

「所以你沒發現？」

「發現什麼？」我血壓飆升。

「Denver（丹佛）拼成了Dover（多佛）。我們印了一萬張傳單說音樂節在『科羅拉多州的多佛』舉辦，還把傳單寄出去了！」

「靠北。」我以為這是腦海中的吶喊，沒想到就這樣大聲說出來。

「確實很靠北，」她說。

我低頭走出老闆的辦公室，快步走過成排的辦公隔間和一臉好奇的眾多同事，衝進廁所裡大哭。我坐在馬桶上，被捲筒衛生紙和來舒除臭噴劑圍繞，滿腦子都是灰暗的想法。我會被開除。客戶會告我們公司。別人會發現我就是那個印了一萬張錯字傳單的廣告業務，把我視為業界老鼠屎。我再也找不到工作。但我只是個凡人！我怎麼可能做到十全十美？這個月忙得不得了，除了那張傳單，我還得幫好幾個客戶處理幾百件事情。但這些藉口都安慰不了我。我知道這是那種大人也會犯的錯誤，我聽說過，只是未曾親身經歷。這是那種沒有人會來解救你的時刻。不能哭求媽媽或男朋友，也沒有轉圜餘地。這時，我想起斯多葛主義。這是練習的好時機。最壞的結果即將到來，我可以接受，也可以反抗。

我選擇接受。我先把自己能做的事都做了，包括我不習慣的「負起責任」。我在尋求協助的同時也懇求寬恕。我寫電子郵件給發傳單的派報公司，詢問能否退錢，並且鼓起勇氣打電話給客戶說明情況。過程中我領悟到，犯錯的痛苦有一半來自逃避責任。我們非常害怕承認錯誤，所以無所不用其極地逃避，反而讓這場折磨變得更漫長、更煎熬。我勇敢道歉，沒有用藉口搪塞，也沒有怪罪其他人，這使我發現，坦然面對錯誤能讓自己過得更輕鬆。當我承認錯誤、負起責任時，別人更願意幫助我。浪費在釐清責任的時間變少（因為我主動認錯），所以能用更多時間來處理危機。

週末到來之前，我已經把能做的事都做了：承認錯誤，誠心道歉，懇求寬恕，然後做好迎接最壞結果的準備。我接受自己將會失業。我接受客戶將會終止合作。我接受我的事業可能會完蛋。當我接受這些結果，而不是否定或逃避它們，焦慮也隨之減輕。你知道後來事情的發展嗎？

隔天派報公司回信說，如果我們重印傳單可以打折。但是這折扣我用不上，因為兩天後有個實習生想出了好主意：劃掉「Dover」的「o」，然後在「o」的上面直接手寫「en」，這反而營造出一種復古的感覺，很酷。全公司上下齊心協力，趕在音樂節之前用黑色馬克筆徒手訂正了一萬張傳單。

雖然在那之後我們失去了這名客戶，雖然接下來幾個月我不再是老闆心目中的最佳員工，但這些都無所謂。既然我連最悲慘的局面都能接受，再大的風雨在我眼裡都成了毛毛雨。

當你接受未來必然會出現痛苦與不適，就能放下對未知的恐懼。朝我們襲來、使我們動彈不得的各種可能性（有多少痛苦，痛苦何時會發生，痛苦會有多嚴重），會使我們精神緊繃。一旦我們接受了最糟糕的狀況，其他的就顯得微不足道，緊繃的心情也會隨之放鬆。

把過去當成故事

因為說了自己的故事能博君一笑，我寧願你笑我，也不要你為我感到遺憾。
因為說了自己的故事，就不會那麼痛了。
因為說了自己的故事，我就能繼續前進。

——劇作家諾拉．伊佛朗（Nora Ephron），《心火》（*Heartburn*）

慢慢地，未來變得更容易跟你和平相處。我發現關鍵在於一念之差，也就是你對事態發展的想法。未來跟白日夢一樣，都是想像的產物，任由我改變和塑造。但過去不具可塑性。過去是固定不變的。那是個我不想打開的箱子，只想把它藏在角落。要不是諾拉．伊佛朗告訴我，想成為作家、成為朋友、成為成功的人，就絕對不能逃避過去，我會一直把那個箱子封死，用力坐在箱子上以免它爆開，而不是走過去打開它，把裡面的東西全部倒在地板上。

我很羨慕伊佛朗的人生。我是先看過她的電影，才找了她的書來看。她參與的電影包括《當哈利碰上莎莉》（*When Harry Met Sally*）、《電子情書》（*You've Got Mail*）、《西雅圖夜未眠》（*Sleepless in Seattle*）、《美味關係》（*Julie & Julia*）等等。我心想，這個女人擁有完美的生活、完美的事業、完美的心智。後來我搬到紐約，渴望寫作卻又屢屢失敗，因而苦惱不已，這時我才發現，伊佛朗之所以能夠寫書、能夠創作電影，正是因為她的過去並不完美。

一九七九年，伊佛朗婚後搬到華盛頓已三年，肚子裡懷著第二胎。她發現老公卡爾・伯恩斯坦（Carl Bernstein，普立茲新聞獎得主）[6]正在跟瑪格莉特・杰依（Margaret Jay）搞婚外情，伊佛朗形容杰依是個「脖子跟手臂一樣長，鼻子跟拇指一樣長」的女人。那段悲慘的經歷，她回到紐約獨自生產的那段時間，是她生命中最陰暗的時期。四年後，她把陰暗變成光明燦爛。

「那時她當機立斷，」導演麥克・尼可斯（Mike Nichols）說，「她搬去編輯葛利布（Gottlieb）的家，放任自己大哭六個月，然後用輕鬆幽默的方式寫下這段人生經驗。由於她寫得這麼輕鬆幽默，所以她贏了。世界各地曾遭背叛的女性都感同身受，為她喝采。」她寫下《心火》記述這個故事，這本書不但暢銷全球，也成為她邁向小說家與製片人之路的墊腳石。

用輕鬆幽默的方式看待過去，對伊佛朗來說不是新鮮事。她的雙親都是作家，從小就教她要把生活點滴「記下來」，無論再怎麼不幸或尷尬，人生中最糟糕的事都是創作好故事的材料。

回憶過去，就是走進那一次的時區。請人回想過去時，這些人表示自己的回憶中有三分之一是不好的。人類天生對悔恨與痛苦的事記憶深刻。當思緒被拉回過去，我們會被迫記起寧願忘掉的事。念高中的那一次，跟朋友吉米一家人一起去游泳，我本想來個燕式跳水耍酷，結果吉米說他的家人請他轉告我的泳衣很透明。又比如說那一次說謊，把SAT成績多說了一千分。還有那一次我穿著那件白癡的衣服，在那堂白癡的課上說了那件白癡的事。你應該懂，就是最糟最糗的那一次。

每當我們想起那一次，腦海中浮現的只有痛苦。尷尬、後悔，讓人心情變差的刺激。我們想起的往往不是那段經驗或故事，也不是自己從中得到的教訓。我們不記得那一次之後，自己再也不穿已經穿了六年的白色泳衣去游泳（而是直接丟掉）。我們不會再用假名去約會，因為對方終將揭穿我們的把戲。我們不會再假裝成英國人，因為碰到真正的英國人一定會被看破。我們會記住SAT成績並不重要，還有無論我

6 編註：卡爾．伯恩斯坦是揭穿水門事件的兩名《華盛頓郵報》記者之一。

們說了什麼、做了什麼、穿了什麼，別人多半不會記得。

我們必須提醒自己，那些尷尬的經驗、不舒服的回憶，其實沒那麼糟糕。它們使我們的生命多采多姿，而且對我們毫無威脅。我們必須提醒自己，縱然天有不測風雲，但我們一定挺得過去，然後變得更堅強、更聰明，或至少變得更幽默。

在二〇〇六年的脫口秀節目《瓊・瑞佛斯特輯》（*An Audience with Joan Rivers*）裡，瑞佛斯用丈夫自殺的事說了一個段子。她說丈夫的死給家人留下嚴重創傷，因為警察發現遺體後打電話通知家屬，接起那通電話的是她十五歲的女兒梅莉莎。丈夫死後，家人服喪七日，瑞佛斯一直無法跟女兒好好交心。她在台上哽咽地告訴觀眾，服喪結束後，她帶女兒去比佛利山吃晚餐，希望能修復母女之間的感情。她很怕在經歷過這樣的悲痛後，女兒永遠走不出來，母女關係永遠無法修復。她們在一家知名餐廳裡坐下來，打開菜單，這時瑞佛斯說：「梅莉莎，要是爸爸還在的話，看到這樣的價格肯定會再自殺一次。」梅莉莎笑了。瑞佛斯說，那一刻她知道，女兒回來了。

瑞佛斯是個成功的喜劇演員，擅長把不可告人與令人不適的生活經驗寫成段子。一九六七年，她上綜藝節目《艾德・蘇利文秀》（*Ed Sullivan Show*）時聊到墮胎。「我是當時第一個敢拿墮胎說笑的人。把墮胎放進笑話裡，你才能把這件事拉到一個讓人願意正視它和處理它的地方。它不再是一件隱晦的、只能偷偷討論的事。不拿到檯面上討論，你就會覺得這件事好嚴重，超出我們可以掌控的範圍。我現在依然進行這樣的挑戰。」

至於真的很糟的回憶，那些無法博君一笑或變成幽默小故事的回憶，那些我們用來禁錮自己的回憶，其實能用來建立最深刻的情感連結。當我們有勇氣說出這些回憶，這些回憶將使我們展現人性。美國作家葛麗絲．佩利（Grace Paley）說：「有時候你會發現，最私密的事能讓你與他人建立最強烈的情感連結。」

再苦再難，我們都活下來了。無論如何，我們都已經挺過難關，而且一次又一次。但下次再碰到的時候，我們還是會懷疑自己。身為作家的我，曾不只一次被諾拉．伊佛朗的這句名言敲醒：「每件事都是創作材料。」（Everything is copy.）就算碰到最糟糕的事，也能成為好故事的材料。公寓淹水，報告做得一塌糊塗，踩到香蕉皮滑倒。等到我們把這些故事說出口，才會知道當時覺得宛如世界末日的遭遇，其實根本不值一提、無足輕重，而且有夠好笑。

現在每當我想起過去，想起那些錯誤與尷尬的時刻，都會在心中默念：「每件事都是創作材料。」一個好故事的價值，遠遠超過一段美好的體驗。大家都喜歡跟有好故事的人聊天。對我來說，好故事還能幫我付房租。我不再擔心那些我無法掌控的時刻。我不擔心自己說了什麼或做了什麼。錯誤與不幸是幫助我成長茁壯的肥料。有時候，我甚至偷偷希望它們出現。

把壓力當成挑戰

我這輩子活得如履薄冰，無時無刻不害怕。但我從未讓恐懼成為阻力，我想做什麼就去做。

——喬治亞・歐姬芙（Georgia O'Keeffe），美國藝術家

倘若我們能把過去當成有趣的故事，也能接受未來必不可免，那麼對抗焦慮的最後一個里程碑，就是如何看待壓力。壓力向來是觸發我壞心情的「刺激」。別人看來溫和無害的事，在我眼中就成了壓力源：聚餐，初次跟傑伊的父母見面，打電話去公司請病假。過去、現在以及未來都會給人壓力。不幸的是，壓力是人生常態。

有一次，公司要我去拉斯維加斯開會。老闆說同事珊卓拉會跟我一起去。我沒見過珊卓拉，因為她住在聖地牙哥，遠距上班不進公司。

「她人怎麼樣？」我問老闆。

「她人很好，」老闆說。

「她幾歲？」我問。我想知道我會跟怎樣的人在內華達州的沙漠共度五日。她三十歲了嗎？她有孩子嗎？還是二十幾歲剛入行的菜鳥，公司希望我關照她？

「她七十五歲，」老闆說。

一週後，我坐在餐廳裡等待珊卓拉。我們約好會議前一天在這裡碰面。我提早到，我想由我來注意走進餐廳的客人是不是她，這樣對她來說會輕鬆一點。在賭城閒晃的七十五歲阿姨應該不多吧？珊卓拉跟我打招呼時，我的眼睛還直盯著餐廳門口。我一心一意等待大嬸，沒注意到有個身材嬌小、金髮碧眼的女子已經走到我面前。「你是蘿倫吧，」她輕柔地說道，向我伸出一隻手。

兩杯瑪格麗特下肚後，我說出從看到她第一眼之後，就憋在心裡的話：「你怎麼可能七十五歲。」

「是真的，寶貝，」她說。

「你這麼年輕漂亮。我不相信你有七個孫子。」

她看起來既不尷尬也不得意，似乎已經聽過這種話很多次。「心境七十五歲，看起來就會像七十五歲，」她說。

「講真的，你有什麼凍齡祕訣嗎？」我問。

她凝視我的雙眼說：「不要有壓力。」說完又啜飲一口瑪格麗特。

「什麼意思，不要有壓力？」

「我從不給自己壓力。大概從三十五歲起，我就一直這樣。因為發生了一件事，我突然開竅。當我面對該處理的事情時，我不會覺得非做不可，而是覺得我有機會去做這些事。」

大家總說操煩會長皺紋，壓力會加速老化。我以為這只是故意嚇女人的空話。別給自己壓力，不然會變醜。沒想到發現壓力會影響老化的那位女性，因此拿到諾貝爾獎。生物學家伊莉莎白．布雷克本（Elizabeth Blackburn）研究端粒以及端粒對老化的影響，結果開啟了一個全新領域，也令世人更加了解老化過程。

想知道壓力如何加速老化，你必須先知道身體（精確地說，是端粒）如何運作。人體由數十兆個細胞構成，每個細胞內都有染色體，你的ＤＮＡ就存在染色體裡。

每條染色體的末端都有一個「蓋子」，稱為端粒。就像鞋帶末端的塑膠套一樣，端粒會保護染色體。細胞持續增生，隨著每一次細胞分裂，DNA也會複製到新生的細胞裡。可是，DNA複製的過程有個小問題。細胞分裂時，有些DNA會受損變短。久而久之，保護染色體的端粒會因為變得太短而脫落。端粒一旦脫落，細胞就會停止分裂增生。

這些凋零的細胞會使你變老，也變得更容易生病。頭髮變白，是因為色素細胞變少了。長皺紋，是因為膠原細胞變少了。生病，是因為免疫細胞變少了。但這些研究也提供了一道曙光：我們可以控制端粒變短進而脫落的速度。布雷克本發現了端粒酶（telomerase），這種酶可以為染色體的末端接上DNA，延緩甚至逆轉老化進程。布雷克本說，有些行為會直接影響端粒酶與端粒，延緩或加速老化的進程。

她與心理學家伊麗莎．艾波（Elissa Epel）合作，試著了解長期壓力對端粒有何影響。艾波專門研究長期壓力對身心健康的影響，她的研究對象是一些母親，更精確地說，是慢性病童的母親。

這兩位學者發現，無論這些母親幾歲，照護病童時間比較長的母親，端粒都比較短。當中那些認定自身壓力愈大的母親，端粒會愈短；反觀有些母親雖然長年照顧生病的孩子，她們的端粒依然很長——儘管兩者同樣照顧慢性病童，面臨相同的高壓處境，後者的端粒卻沒有變得特別短。艾波深入研究是什麼造成這種差異，發現答案很簡單：後者沒有把自己的處境視為壓力，而是當成挑戰。

如果你習慣負面思考，碰到有壓力的情況時，通常你會以「威脅壓力反應」(threat stress response）來回應。舉例來說，老闆把你叫進辦公室，你的第一個想法可能是他要開除你。於是你的血管收縮，壓力荷爾蒙皮質醇飆升，就算你後來發現老闆只是找你閒聊，皮質醇濃度也不會下降。久而久之，長期居高不下的皮質醇會抑制端粒酶——別忘了端粒酶能防止端粒變短。相反的，如果你習慣把有壓力的情況當成可以克服的挑戰，血液會流向心臟與大腦，短暫飆升的皮質醇會使你充滿活力，不會影響端粒酶。**把壓力視為挑戰而不是威脅，有助於保護端粒，讓你活得更長壽、更健康。**

稍微調整看事情的角度，慢慢練習到習慣成自然，就像學習語言一樣。珊卓拉說她不會覺得一件事「非做不可」，而是覺得「有機會」去處理該做的事，就是這個意思。

說回來寫作這件事。我記得以前每個星期天早晨，我都是帶著令我反胃的深層恐懼醒來。我知道，我將把這一天用來寫連自己都不想再看一遍的草稿，一想到還有那麼長的篇幅沒寫就害怕，更別提我前一天寫的東西那麼爛，這種感覺很像面對永無止盡的戰鬥。所以我會選擇逃避。我會告訴自己，我只要看一集《貴婦的真實生活》（*The Real Housewives*），然後去散步、吃午餐或睡午覺，做完這些就開始工作。我之所以逃避，是因為我害怕。但是刻意做別的事情、盯著時間一分一秒流逝，只會加深恐懼和焦慮。直到傑伊走進房間問我寫得怎麼樣，我才告訴他：「我還沒開始寫。」為什麼？「我很害怕。」

但無論怕不怕，我都必須完成這件事。所以我不再逃避，而是決定改變視角。每天早上張開眼睛時，我都會重複這句話：「我很期待寫作。我很期待寫作。」我一邊上班、一邊鼓勵自己，閱讀其他作者的心得（名言佳句、寫作建議等等），提醒自己不要忘記愛上寫作的初衷。寫作很難，不代表寫作這件事很恐怖。漸漸地，我把寫作視為尚待克服的挑戰，尚待發掘的字句與故事。我慢慢找回自己對寫作的熱愛，面對空白頁不再像是坐牢，更像是一場冒險。

轉念之後

我想我感覺好多了。我徹底扭轉視角。我不再期待得到一切，然後因為得到的不如預期而陷入絕望。現在我的期待值是零，偶爾我會有些收穫，而且因為這一點點收穫而歡喜得不只一點點。

——蘇珊・桑塔格（Susan Sontag），美國作家

逝去的東西不會再回來。結束後，就一了百了。

——凱瑟琳・曼斯菲爾德（Katherine Mansfield），短篇故事《我不說法語》（*Je ne Parle pas Français*）

忘了過去，忘了你做過的事，因為思考以後你能做些什麼才有意義。

——艾瑞絲・梅鐸（Iris Murdoch），英國作家

CHAPTER
2
外貌：怎麼看自己就是不順眼
The Mood: Beauty

症狀包括：煩躁易怒，反應浮誇，
情緒敏感，對IG有不良反應。

聽聽別人的經驗談

我不喜歡拍照，因為我會想哭。我不知道自己為什麼哭，但我知道只要有人跟我說話，或是太仔細端詳我，我就會開始流淚啜泣，哭上整整一週。

——希薇亞・普拉絲，《瓶中美人》（*The Bell Jar*）〔1〕

我深刻感到自己很孤單、被排擠、沒有魅力……我覺得我不值得被愛。

——蘇珊・桑塔格

—我一直覺得很痛。

—哪裡痛？

—內在。沒辦法解釋。

——克拉麗絲・利斯佩克托（Clarice Lispector），《星光時刻》（*The Hour of the Star*），英譯本譯者為喬凡尼・波堤埃羅（Giovanni Pontiero）

1 譯註：麥田出版社曾出版《瓶中美人》的繁體中文版。

星期六早上，我臉上的痘痘還在。由於我的青春痘是那種不能擠的，我花了六十美元請皮膚科醫師為我注射可體松，但三天後這顆痘痘還是一樣紅、一樣巨大、一樣完全遮不住。我在想要不要打電話給皮膚科醫生，要求他為我免費再打一針，但這意味著我必須再次走出家門，而此刻我已陷進一個非常陰暗的地方。

雖然前一天我考慮過請病假，不過我還是在公司努力工作了九小時，並且盡量避免人際互動，不跟同事對到眼，每半小時就跑一次廁所確認痘痘的遮瑕狀態。我記得搭地鐵回家時，心裡狂祈禱地鐵趕緊抵達我下車的那一站，好不容易熬到回家的那一刻，我終於可以卸掉厚厚的遮瑕膏，穿上寬鬆的T恤，醜得心安理得。這件事把我搞得筋疲力竭，我不想再來一次。

可偏偏傑伊想要出門，他想去參加朋友傑瑞米在皇后區辦的頂樓派對。想到要站在自然光底下，花四個小時端著塑膠杯偷偷擋住下巴，我的胸口突然一緊。不要。我做不到。別再來了。我想吐。我覺得很噁心。我只想在床上縮成一團，忘了自己的存在。我很難過，也很生氣。我氣自己沒有名模吉賽兒（Gisele Bündchen）的美貌，氣可惡的皮膚科醫生，氣自己又這樣畏畏縮縮浪費一個星期六。

我整個早上都處於我媽口中的「彷彿」狀態，我後來才知道她說的應該是「恍惚」。

這是一種接近無意識或無知覺的爛泥狀態。請想像一顆汽球雖然洩了氣，但易爆程度仍不輸充飽氣的汽球。派對的時間逐漸逼近，我不知道自己到底該告訴傑伊我長了痘痘所以不能去，還是痘痘破壞我的心情所以不能去。顯然兩個理由都是真的，只是哪一個聽起來比較不可悲？我告訴他我不去派對，因為我沒心情參加。他問我是不是因為痘痘的關係。

聽到他吐出「痘痘」這個詞，我震驚到短暫脫離恍惚狀態。「不是。不過謝謝你之前善意的謊言，你不是說這顆痘痘不明顯嗎？」我說。

「我的老天，它超不明顯！我只是剛好知道你每次只要長了一顆該死的痘子，就會變成這副德性！」(他是英國人。〔2〕)

「什麼德性？」我凶巴巴地問。

「悲慘兮兮！」

「如果我第一次問你的時候就知道你會誠實回答，說不定就不會這麼悲慘兮兮了！」我知道我說的話狗屁不通(喪失理性思考也是這種壞心情的副作用)。

最後他自己一個人去了傑瑞米家，離開前還撂下一句令人作嘔的反擊：「你知道，**這樣**實在很不可愛。」我相信他所說的**這樣**，指的是我很虛榮。

我很想回嗆他，說這絕對不是虛榮。他看不出來嗎？我那麼愛照鏡子、整理頭髮、為青春痘感到焦慮，不是因為我超愛自己，真正的原因恰恰相反。這顆痘痘反映出像血液一樣在我體內奔流的自我厭惡。這些他都不懂嗎？每當他覺得我莫名其妙心情不好時，我要怎麼解釋最有可能的原因是那天早上我照鏡子覺得自己很醜？

我解釋不了。就算我說了，我知道他會叫我別那麼自戀。他會說執著於外貌，無論是覺得自己太醜或太美，都是一種執念。他會說這麼在意一顆青春痘很可悲。他說的話都對。我相信這正是這種壞心情的源頭：一方面知道自己不該在意如此無謂的小事，另一方面奮力不要因為這件小事崩潰倒下。

壞心情要告訴你的事

覺得自己很醜，是一種極大的煎熬。醜照帶來的痛苦無與倫比。世界瞬間變成一

2 譯註：此處傑伊說了英式口語的「spot」，而不是美國人用的「pimple」。

個殘酷、荒涼的地方。你像個被遺棄在路邊的孩子，想要大聲嚎哭，希望有人帶你回家，任何人都好，帶你去一個舒適、溫暖、友善的地方。但是你不能哭。你不能告訴別人你為什麼難過，因為他們會把你拉回到路邊，一腳踢起地上的塵土，讓你灰頭土臉。你簡直無病呻吟，別再那麼虛榮啦。

所以當他們問你為什麼難過，為什麼看了這張照片就變得悶悶不樂時，你會羞愧地低著頭，推一推墨鏡遮住浮腫的眼皮說：「抱歉，我突然覺得怪怪的。」或是「沒什麼，就是不太開心。」如果他們跟你不太熟，還會問你是不是生病了。你大概會說：「應該不是。反正不是什麼嚴重的事就對了。我昨晚沒睡飽。」但其實你真正想做的是徹底崩潰，大聲承認：「我好醜，醜到想死。」

這不是身體上的疼痛，而是一種你羞於承認的痛苦。所以你咬牙忍住，日復一日，它會慢慢變成你幾乎注意不到的隱隱作痛，直到某件事突然刺激它：一條穿不下的牛仔褲、一個漂亮的新同事、一個難看的髮型，於是劇痛貫穿全身，讓你想要大哭大叫，或是遷怒離你最近的那個人，因為你不知道如何處理這樣劇烈的痛苦。一切結束後，你隨便拿一塊OK繃貼住傷口，向那些看見你失控的人道歉，鄙視自己為何如此荒謬、小心眼，然後努力回到正常生活，假裝若無其事，只是一切都不一樣了。烏雲仍未散去，天空永遠比過去陰暗一些，樂趣也少了一些。

每個女人一生中都經歷過這種陰暗。我會這麼說，是因為二〇一六年多芬（Dove）做了一項調查，探究女性的焦慮與身體意象（body image）是否有關。

調查對象是女性，總數超過一萬零五百人，涵蓋十三個國家。〈多芬全球美麗與自信調查報告〉（The Dove Global Beauty and Confidence Report）是目前為止，規模最大的全方位自我評價研究，調查結果令人不安。日本有九二%的女性不滿意自己的身材，第二名是英國，有八〇%。此外有八五%的女性表示，她們對自己的外貌沒有信心時，會選擇不參加人生中重要的活動，例如爭取加入某個團隊，或是跟親友相聚。

這一點我再明白不過。我的自信程度主宰了我大半的人生，而我的自信全部來自我對外貌的主觀認定。每天早上六點對鏡子看第一眼之後，會覺得自己皮膚水嫩、頭髮柔亮、身材姣好的情況少之又少。就算發生這種情況，在我自信滿滿走出家門後，一定會在地鐵車廂裡看到跟辣模艾蜜莉・瑞特考斯基（Emily Ratajkowski）同等級的性感美女。

就算地鐵上沒有看見美女，也會在雞尾酒會、瑜珈課、果汁吧、HBO的電影裡看到。我好像每天都忙著捻熄自卑感。無論我多麼有自信，令我想起有人比我更美的時刻必定會出現。光是這樣就會讓心情失血五〇%，對吧？原本覺得自己很好，然後碰到讓你想起自己不夠好的人事物，於是跌進絕望的深淵。這一跤摔得很快、跌得很重。歌手芙羅倫絲．威爾屈（Florence Welch）曾如此描述：「儘管我在台上接受群眾鼓掌歡呼，下了舞台回到家，獨自坐在房間裡滑手機時，一定會看到超多令我不爽的東西。例如狗仔把我拍得很醜的照片。」

美國衛生與公共服務部指出，對身材不滿意可能是女性罹患憂鬱症比例高於男性的部分原因。很驚人，但也不意外。我們都知道女性對自己不滿意，資本主義才能欣欣向榮。我們也知道只要忽視看板、雜誌、廣告、電視節目和網路上的模特兒與裝扮精緻的女演員，我們就不會把美貌看得那麼重要。

我們知道媒體幾乎不會呈現身高、體重、膚色、膚質、髮質和其他身體特徵的多元性，目的正是要我們覺得自己不夠好，必須購買各種產品來幫助自己符合單一的美貌標準。這些悲慘的事實與殘酷的真相，我們都心知肚明。遺憾的是，光靠真相是無法解救女性的。

什麼才能夠解救女性呢？女性有可能把自我與外貌分開成兩件事看待嗎？你真的有可能完全不在意鏡子裡的自己嗎？美麗很抽象，抽象到沒有斬釘截鐵的答案。但是，我在一項研究裡看見希望。二〇一五年，安格里亞魯斯金大學（Anglia Ruskin University）的韋侖・斯瓦米教授（Viren Swami）與羅馬大學（Sapienza University of Rome）的學者調查了四八四位義大利女性，其中一半是母親，一半不是，調查主題是她們對自我與身材的感受。非母親組的受訪者之中，有六九％對自己的胸部尺寸不滿意，這是與完美主義自我展現（perfectionistic self-presentation）有關的症狀。有趣的是，母親組的調查結果大不相同。

生過孩子的女性對自己的乳房有較高的評價，也比較不會被完美主義自我展現約束。這不是因為懷孕使乳房變大。斯瓦米教授認為，「最相關的（原因）是成為母親，特別是哺乳過的母親，會使女性注重乳房的功能，而不是乳房與身體的美感。」

我記得讀到這篇文章時，心想這些母親在明白乳房真正的功能後，就不再擔心胸部美不美，如果我能找到自己的存在意義，或許就不會再為身材感到焦慮了。

幾個星期後，有朋友傳了一篇《紐約客》的文章給我，內容描述醫生在實驗中給癌末病患開迷幻藥LSD，紓解他們對死亡的恐懼。一位研究者說，在迷幻藥的影響下，病患的「原始認同（primary identification）超越了自己的身體，感受到超脫自我的狀態……帶著全新觀點與深刻包容回到正常神智。」受試者在訪談提到「迷幻旅程」時，普遍會提到幾個重要的主題，其中一個是身體的禁錮會隨著自我個別認同一起消失。

正如許多隨機出現、看似不重要的人生時刻，這篇文章，加上我自己做過的調查，開啟了我心中一直緊閉的那扇門。多年來我曾因醜照、討厭的痘痘、照鏡子角度不佳等原因輕微憂鬱，但是在這一刻豁然開朗。我是自我認同的奴隸。是自我意識把我困在這座自我厭惡的囚籠裡。如果我要戰勝這種壞心情，就必須斬斷我對自我意識的執著，而不只是我對外貌的執著。

從祖母的角度看自己

我非常後悔二十六歲那一年沒有全年都穿比基尼。閱讀這段文字的年輕人，請立刻換上比基尼，一路穿到三十四歲再脫掉。

——諾拉．伊佛朗，《熟女拉頸報》(*I Feel Bad About My Neck*)〔3〕

差不多在二十五歲左右，我推斷出一個既安心又嚇人的結論：我永遠無法改變自己的長相。當然我還是會努力變美，灑兩百美元挑染頭髮。頭髮變長之後，原本的挑染變得像法式挑染（balayage）。接著把頭髮染成棕色，剪瀏海，瀏海變長之後再花兩百美元挑染。我心知肚明，再多的挑染、面霜、古銅粉，都改變不了我的長相。

承認這個事實是最難的部分，但是承認了，我才有辦法進行有意義的改變。我開始尋找接受自己的方法，第一個突破發生在某次探訪祖母的時候。那個週末連假我去佛羅里達州看祖母，我每年至少探望祖母一次，當個好孫女。這次她也跟往年一樣對我百般呵護。我一踏進她家，她就不停稱讚我很漂亮，很耀眼，美得令人驚嘆。

接著她帶我去拜訪朋友。我們一家一家敲門，跟她的朋友打招呼。他們熱情圍著我滔滔不絕，讚美我的皮膚、我的金髮、我的身高。以前她也是這樣帶著我到處炫耀，過往她在泳池邊與餐廳告訴朋友這是她的「漂亮孫女」時，我從沒放在心上。稱讚我的這群人走路得靠助行器，皮膚上有老人斑，身體裡有鈦合金髖關節。他們覺得我漂亮再正常不過，在他們眼裡年輕人沒有不好看的。但是這次我突然頓悟。他們為了什麼原因覺得我漂亮，這很重要嗎？我為什麼聽不懂他們想表達的意思：下巴長痘痘或

3 譯註：《熟女拉頸報》繁體中文版由時報文化翻譯出版。

胖了幾公斤都無所謂，因為對他們來說，我擁有世上最美好的東西，也就是他們所沒有的青春。

我浪費了這麼多年的光陰，對他們包裝成讚美的建議一笑置之。其實他們想說的不是我很漂亮，而是要我好好享受青春。因為這是我這輩子最美麗的年華。因為我就算胖了幾公斤，滿臉痘痘，或是頭髮染成泥巴色，我依然是美麗的，因為我還年輕。這一次，我坦然接受他們的讚美。這一次，我明白他們想告訴我什麼，就像當年七十五歲的電影明星貝蒂．戴維斯（Bette Davis）接受強尼．卡森（Johnny Carson）訪問時說過的那些話。

卡森：你看自己演戲時，會嚴格批判自己嗎？

戴維斯：我非常討厭自己。我對自己拍過的作品從未感到滿意……

卡森：但總有一些作品是你喜歡的吧。

戴維斯：隔一段時日之後我才有辦法看自己的電影。當然，我一直受不了在螢幕上看見自己的臉。這是我的怪癖。導演不會讓我看毛片，因為看了我會憂鬱好幾天。

卡森：你為什麼不喜歡自己的臉？

戴維斯：我覺得我很醜！不忍卒睹。現在我老了好幾歲，也回頭看了幾部以前的作品，實在看不出來哪裡有問題。我是世界上最美麗的女人。

珍惜自己所擁有的事物，並不是什麼嶄新的概念。佛教與我們超愛下載的冥想app，主要宗旨都是練習活在當下。如何在時間的縫隙之間找到和諧。模仿一行禪師的口吻來說，就是學會「一邊洗碗，一邊想著洗碗」。

一行禪師說，我們討厭洗碗，是因為洗碗時心不在焉。人生中大部分的苦惱和不安，都是因為無法專注於當下，珍惜自己所擁有的此時此刻。洗碗時專注於當下，別讓心思四處遊蕩，你會發現洗碗是一件愉快的事。因為在享用滋養身體的一餐之後，洗碗、雙手泡在溫暖的肥皂水裡、打開乾淨的自來水沖洗，這些動作本身就是愉悅的經驗。若能浸淫其中再好不過，有冥想靜心的功效。

我們之所以沒辦法專心洗碗，是因為忙著渴求其他東西。渴求一台洗碗機。渴求一個幫傭。渴求明天快點到來。渴求此時此刻並不存在的東西。但是，經年累月虛度每一刻之後，恍然大悟時我們可能因為太老、太弱或病得太重，連碗也洗不動了；或是以前洗兩人分的碗，現在只能洗自己的碗。到了那個時候，我們會懷念那個時刻：站在自己的家裡，雙手泡在溫水裡，身體跟心理都很滿足，人生仍是漫漫長路，我們可以慢條斯理地洗著碗。

我們跟小孩子一樣，愈得不到的東西就愈想要。失去美貌，才渴望恢復美貌。不再年輕，才渴望青春年少。踏進未來，才渴望回到過去。我們到底要被提醒幾次「珍惜現在所擁有的一切」，才懂得活在當下呢？有多少女性曾經試著幫助我們，想把這份領悟傳達給我們，但我們卻充耳不聞呢？我們還要跟真相擦肩而過多少次呢？

去找一張你自己兩年前、四年前或五年前的照片。就是現在，立刻找。看看這張照片，你敢說你不欣賞照片裡的那個你嗎？你不覺得那個你既年輕又漂亮嗎？你有沒有後悔當年的你居然嫌自己不夠美，簡直是浪費時間？

重點不是歌頌青春，或是渴望擁有二十三歲的腰圍。重點是練習改變觀點。把注意力重新集中在你視為理所當然的事情上，例如健康、自由、機會等等。我們的心情經常因為無法接受當下的情況而受到影響。或是如同美國作家芙蘭納莉・歐康納

（Flannery O'Connor）所言：「在努力忍受這世界的同時，亦要好好珍惜這世界。」祖母帶給我的衝擊將我一把推回到當下，因為我窺見了自己的未來。在那個未來裡，我發現自己把最美好的歲月，或至少是年輕的歲月，浪費在煩惱微不足道的問題。當我回首來時路，我不會記得臉上的青春痘、毛躁的頭髮或體重有多重，只記得我曾經年輕，卻沒有好好珍惜。

你不知道自己真正的模樣

你對自己的長相習以為常，所以你忘了在陌生人眼中你有多美麗。

——佚名

我只會愈來愈老，現在就是我最年輕、最漂亮的時候。直到我接受了這個使我擺脫禁錮的真相，我才發現我根本不知道自己真實的模樣。我以為我知道，但其實我對自己的印象是鏡子裡由各種缺陷組成的、模糊的扭曲樣貌。

我照鏡子時看不見自己的雙眼，只看見眉毛需要修整；看不見自己的嘴巴，只看見嘴唇太薄；看不見自己的臉，只看見各種問題。照完鏡子，我如常度日。可是，我到底是什麼模樣？我從來就不知道。不過說起外貌上的缺點，我倒是如數家珍。

每個女人都是如此。每個女人心中都裝滿她想改變的外貌缺陷，猶如一把上膛的槍，只要有人問起，她隨時可以如同掃射般滔滔不絕。女星奧黛麗．赫本某次在接受記者大衛．哈特曼（David Hartman）訪問時，快速而清晰準確地說出她對自己不滿意的地方，著實令人驚訝：

哈特曼：看見自己出現在螢幕上的時候，你可以泰然自若嗎？

赫本：完全不行。一直都是這樣。我會去看毛片，因為我覺得這是我該做的事，因為說不定還有修正的空間。但是我非常害怕看到自己。我對自己很不滿意。所以這件事對我來說是奇蹟。如果我是個成功的演員，那麼觀眾肯定看見我沒看見的東西。

哈特曼：如果你能改變自己，你想改變什麼？

赫本：我希望我的腳能小一點。我不喜歡我的一雙大腳，我朋友的腳都好可愛，能穿可愛的鞋子。

我們習以為常的不只是自己的長相，還有跟長相綁在一起的各種執念、渴望與缺陷，導致我們無法公平正確地判斷自己真正的模樣。我們把自己欺騙自己的想法當成現實，與外在世界的觀點截然不同。我是遇到薇拉莉之後才終於看清這一點。

我剛到紐約時做過幾份工作，薇拉莉是我其中一份工作的同事。我第一天上班時她向我介紹她自己，我沒說我早就知道她是誰，因為我們念同一所大學。

我很少參加兄弟會派對，但我第一次注意到薇拉莉，是在一場兄弟會的派對上。當時我坐在一張髒臭的米色花呢布沙發扶手上，喝著微溫的噁心啤酒，想在玩啤酒桶倒立遊戲（keg stand）的男生裡挑個對象。

就在這時候，我看見她。啤酒桶附近的幾個男生把她高高舉起，扛著她在客廳繞場，彷彿她是希臘女神。她穿著屁股上有「Juicy」字樣的橘色運動長褲，露出一截曬成深古銅色的小蠻腰，亮晶晶的肚臍環反射出客廳天花板的燈光。她留著一頭棕色長髮，柔柔亮亮。

當他們終於把她放下時，我看見她小巧的鼻子、立體的顴骨與完美的眉型。我記得當時我想落荒而逃。逃離那個完美女孩存在的空間。我真的逃了，只是自慚形穢的想法沒有消失，我一看見她就心想：她一定非常幸福，非常快樂。

五年後，我第一天上班時看見她，這個想法再次湧出。

她當然住在紐約呀。她的人生八成一帆風順。她肯定參加最棒的派對，擁有最棒的室友，約會對象也都是條件最棒的男生。

現在的她不再穿Juicy運動褲，改穿黑色燈心絨長褲搭配俐落的白色襯衫，非常適合她的及肩棕髮，焦糖色挑染使柔順的頭髮更顯嬌美。好時髦，好法國。她邀請我下班後去喝一杯，我興奮地答應了，我想了解這個大美女過著怎樣美好的人生。我甚至對她生不出忌妒，純粹只是好奇。

我們先去她住的公寓拿外套，這是第一個震撼。她請我等她五分鐘，但後來變成五十分鐘。她在浴室跟臥室之間來來回回，我坐在一旁滑手機，看著她先換上一件綠色絲質細肩帶上衣，然後又換了一件**藍色**絲質細肩帶上衣。眼看著酒吧的優惠時段就要結束了，我愈等愈不耐煩。

「薇拉莉？」我朝臥室的方向喊她。

「對不起！我還沒想好要穿哪件。我的衣服都好醜，而且我這麼肥。」

「你說什麼？你瘋了吧。你就算穿今天上班的那套衣服也行，你超美的。」

她一臉苦笑。「你才瘋了吧，」她說，「我今天醜死了。再等我一下，我保證五分鐘搞定！」十分鐘後，我們終於出發。薇拉莉換回原本那件白色襯衫，下半身不是白天的黑色燈心絨長褲，而是一條黑色皮裙。

我們走進酒吧，看到兩個空位就立刻入座。旁邊坐著四個男生。當時我們兩個都是單身，我心想今天跟薇拉莉一起來這兒真是好運，終於有機會釣到幾個好男人。我等待薇拉莉主動向一直偷瞄她的帥哥拋媚眼，示意他可以放心過來搭訕。

「兩位好，」我身後突然有人發話。我轉過椅子，看見一個滿頭大汗、皮膚黝黑、二十幾歲的男生，他穿著一件秀肌肉的背心，露出些許胸毛，反戴鴨舌帽，帽子底下是亂糟糟的黑人辮子頭。

「嗨，」我們異口同聲回答。

「我猜你們從事公關業？」他傾身向前，臉上帶著笑容，彷彿他剛才說了人類史上最幽默機智的一句笑話。

「呃，不是。我是作家，她是編輯，」我語氣不善，希望他趕緊知難而退。

「但說是公關業，也不算錯，」我旁邊的薇拉莉笑著回答。**這是怎麼回事？**我把椅子轉向薇拉莉，希望能在她眼睛裡找到促狹的光芒，說不定她只是想整整他。

「我想也是，」他又靠近了些。

他身上有玉米餅與伏特加湯尼的味道。喔，我知道了。她想讓這個人請我們喝幾杯酒。沒關係，我再讓他得意五分鐘好了。我默默告訴自己。

五分鐘後，他們還在聊天，這人一杯酒也沒請。而且，薇拉莉居然把電話號碼告訴他。那人離開後，我還沒來得及問她剛才是怎麼回事，她就先給自己點了一杯龍舌蘭，然後打開包包找口紅。

找到口紅之後，她一手拿著小鏡子、一手補口紅，用好友在洗手間聊天的口吻對我說：「上個星期我在路邊看見一個超級大美女，整整鬱悶了三天。」她闔上鏡子。

「你說什麼？」我知道自己瞪大了眼睛注視她，試著確定自己剛才沒聽錯。**這世界上怎麼可能有人比你漂亮？**我心想。

「我想去豐唇，」她繼續說道，「等存夠了錢，我還要去隆乳。」

「不會吧？為什麼？」我大聲說。

「我討厭自己，」她說。這句回答更像是一句宣言，而且她似乎不吐不快。我完全驚呆。搞什麼鬼？薇拉莉討厭自己？我願意付出任何代價擁有她的美貌，她怎麼可能討厭自己？

我忍不住盯著她看，想搞懂她到底在說什麼。她確實沒有安潔莉娜・裘莉（Angelina Jolie）的厚唇，也不像碧姬・芭杜（Brigitte Bardot）那樣性感，但還是很漂亮。事實上，我從來不覺得她胸部很小或嘴唇很薄，我看見的是她整個人，那個顴骨立體、膚質柔嫩、淺褐色眼睛的薇拉莉。

我終於搞懂她在說什麼的時候，她已經點了第二杯龍舌蘭。一個小時後，我送她上了計程車，此時我已明白我對自己和美貌的理解大錯特錯。

要是連薇拉莉都看不見自己有多美，或許沒有女人做得到。或許薇拉莉是個瘋子。或許每個女人都是。或許根本沒人在乎？我突然痛恨自己為這件事浪費這麼多心力。誰在乎我美不美！我居然經常為了這種事想要大吼大叫。

放下「我愛」

我已經想清楚了，讚美跟批評都一樣聽聽就好，我樂得輕鬆自在。

——喬治亞．歐姬芙

我很在乎。但是又不在乎。後來又覺得在乎。於是跑去美妝店大買特買，因為有了新款粉底跟三十美元的眼線液就能獲得真正的美貌。但是我後來又不在乎了，所以整整一星期沒洗頭。後來我又在乎了，想走法國風。結果咬牙買了超貴香奈兒貝雷帽，但這頂帽子將在衣櫃裡閒置好幾年，因為我不知道怎麼戴才好看。接下來我痛恨自己浪費這麼多錢買一頂貝雷帽，「轟」地一聲，我再度陷入壞心情。

當兩個對立的想法互相拉鋸時，理智容易斷線。大腦一方面叫你不要在乎這麼無謂又膚淺的小事，另一方面又渴望得不得了。你對自己既憤怒又失望，兩種情緒滿溢到你難以承受。

佛教認為，這種感覺來自「我愛」〔4〕，而「我愛」是一切痛苦的根源。「我愛」聽起來很正面，但其實意思更接近過度執著於自我。這種心態源於相信自己是宇宙中心，自己的渴望、目標和願望最重要。格桑嘉措在著作《如何轉化你的生命》（*How to Transform Your Life: A Blissful Journey*）中描述過「我愛」：「首先，我們慢慢生出『我很重要』的想法，這個想法使我們覺得滿足自己的心願至關重要……於是我們渴求那些看起來有吸引力的東西，漸漸生出依戀。我們討厭那些看起來沒有吸引力的東西，漸漸生出怨懟。我們對不好不壞的東西漠不關心，漸漸變得蒙昧無知。」

過分關注自我、自己的外貌、自己擁有什麼、自己沒有什麼，反而會令自己喘不過氣，活得綁手綁腳。我們製造了這種緊張而尷尬的自我意識，導致自己沒辦法輕鬆

4 譯註：「我愛」的原文為self-cherishing，直譯的意思是「珍惜自己」。

自在地生活。我們對外在的自我過度執著，失去了真正的自我。在這種長期執念的推動下，我們無所不用其極地滿足渴望，想藉此安撫自己，不意卻把自己囚禁在慾壑難填的循環裡。

我們不光對外貌有執念。凡是我們認為能讓自己開心、能驅走卑微、羞恥或恐懼等負面情緒的事情，我們都存有執念。我們的眼睛離不開名車、名校、社群媒體上的炫耀照片，自己也對這些東西趨之若鶩，最後只得到更多追蹤人數、更多的債、更多身外之物。

「我愛」是我每次長痘痘就心情不好的原因。痘痘阻撓我追求完美的渴望。我相信我的皮膚應該完美無瑕，所以任何使我想起我的皮膚並非完美或不可能完美的東西一出現，我就會抓狂。問題不是臉上的瑕疵，而是隨之而來的感受，那種不夠好、羞恥和恐懼的感受。但是，這些感受只是我對自己過度執著的副產品。

佛教相信，破解「我愛」的方法是無私。關注他人的需求，就能慢慢放下自私的慾望。藏文的「自他相換」（tonglen）由「施」（tong）與「受」（len）組成，這是一種喚醒慈悲心的療癒方法，有助於慢慢終止「我愛」的循環。

自他相換原本用於冥想，許多冥想老師略加調整，使這種方法能隨時隨地練習，用來訓練學生習慣在面對痛苦時敞開心房。這個方法很簡單：每一次吸氣時，接收他人的痛楚；每一次呼氣時，送出寬慰。每當你開始自怨自艾，覺得自己的心願沒有達成，或是碰到痛苦的情況時，藉由呼吸接收痛苦，不只是自己的痛苦，也包括任何一個你想得到正在受苦的人。像吸入煙霧一樣吸入痛苦後，再把祝福呼出去。像一句祝禱。將善念傳送給你想要療癒的人。

自他相換的意義，是把自私的執念變成感受上的連結。用自身的痛苦提醒自己正視痛苦，再把痛苦轉化為慈悲，喚醒我們對周遭世界的覺察，提醒我們無論是痛苦還是喜悅，我們都不孤單；只要能對他人感同身受，就不會覺得我們的問題把我們孤絕於世。

當我覺得自己很醜，看見鏡子裡的自己頭髮油膩、滿臉痘痘，我不會避開視線，而是想想那些跟我一樣對自己不滿意的女性，那些看著自己的妊娠紋、痘疤、傷疤的女性。我深吸一口氣，接收她們的痛苦。我吸氣時盡量吸得又深又長，就好像吸得愈深愈長，就能接收愈多女性的痛苦。吸到不能再吸的程度時，呼氣把寬慰送出去。我呼氣送出希望，祝願她們都能在自己身上找到撫慰與美好。我呼出接納、慈悲與信心。我呼出我想要得到的一切，並且把這些送給她們。

我愈常練習自他相換，就變得愈不容易生氣。難過時，也不再覺得那麼孤單。久而久之，如同佛教所說的那樣，我不會只在自己難過時才這麼做，看見別人難過時也會不自覺地這麼做。當我在布魯克林區熱鬧的餐廳裡，碰到大聲哭鬧的寶寶，我不責怪這位母親怎麼帶嬰兒到高級餐廳吃飯，而是吸氣接收她的焦慮，然後呼氣時將心平氣和傳送給她。

其實這也可以說是一種「顯化」（manifestation）的練習。我送給他人的祝福存在於宇宙中，我周遭的好能量也會隨之增加。我把負面變成正面，把醜陋、不足與羞恥變成美好。

別老盯著鏡子

好看的人，拍照不一定上相。

——蘿倫・赫頓（Lauren Hutton），美國演員

我想做個實驗。我都計劃好了。我需要一座私人小島，島上完全沒有鏡子。我知

道私人小島聽起來很昂貴，但是我都想好了，這是唯一的實驗方式。你使用公共廁所時，是否一定會照鏡子？走過汽車旁邊，是否一定會看一看車窗上的反影？走進電梯裡，閃亮的電梯門關上時，是否一定會上下打量自己？你不可能不這麼做。

我的實驗是一整年不接觸任何反射倒影的物品——手機、玻璃建物、銀色水龍頭、清澈的池塘，什麼都沒有。沒有任何一樣東西能讓我看見自己。包括人類。我不想走進酒吧，然後根據鄰座男士關注我的程度，來判斷自己美不美。我不想分析路人瞄我的目光，也不想在跟別人講話時，擔心他們是否盯著我頭上一撮亂翹的頭髮，或是臉上的一塊鼻屎。我不想看見別人眼中的我。我完全不要看見自己。任何形式都不行。

我相信我會在這一年裡達到一種超脫境界。思緒自在遨遊，不再執著於外貌的沉重負擔。我會放下自我覺察，感受自己的存在。我只是我。頭髮沒有過度加工，沒有爛皮膚，沒有修過的眉毛。

離群索居一年後，我將回到正常社會，睽違三百六十五天之後再次照鏡子。我相信我會覺得鏡子裡的自己從來沒有這麼漂亮過。我看自己的眼神，就像母親看著自己的孩子，像一份獨一無二的禮物。多年來我照鏡子只注意自己的「瑕疵」，現在我會看見那些好看的地方。我會知道所謂的「美」是什麼意思。

這個私人小島實驗顯然需要很多錢跟資源才能實現。所以我只能退而求其次，避開另一個類型的鏡子：社群媒體。

如果你想要擺脫自我意識的束縛，可考慮停止使用IG。我知道，這聽起來跟建議你吃羽衣甘藍或多上健身房一樣痛苦。大家都聽過也知道這些建議，只是做不到。

我們知道不能這樣活下去，希望自己能徹底改變，卻又想不出可行的方法。如果你就是不會去健身房（我就不去）、不會冥想（我連提都不想提，因為冥想建議大家早就聽到耳朵長繭）、不會吃更多鮭魚（價格愈來愈貴），你必須另想辦法。對我來說，少上社群媒體發文似乎是最簡單的作法。

我一直隱約覺得我發的每一張自拍照，都如同作家蘇珊．桑塔格所相信的一樣，會帶走一小部分靈魂。但是碰到髮型特別好看、光線又很理想的時候，就是忍不住想要自拍，很像上癮。如同吸食毒品，嗨完之後很快就會陷入低潮。照片上傳後，我會立刻遭受一波焦慮襲擊，想知道有多少人按讚，按讚的是不是我期待的那些人，別人會不會覺得這張照片很假掰、很做作。刪掉照片會不會很奇怪。我因為覺得自己很美才發出這張照片，現在卻產生反效果。而且很顯然地，有這些症狀的人不只是我。

二〇一八年，珍妮佛．米爾斯（Jennifer S. Mills）、莎拉．莫斯托（Sarah Musto）、琳賽．

威廉斯（Lindsay Williams）與瑪莉卡・提格曼（Marika Tiggermann）做了一項研究，調查女性拍攝以及發布自拍照會不會影響她們的心情與身體意象。她們找來一一〇名加拿大多倫多約克大學的女大生，將她們分成三組：

第一組：拍攝並發布沒有修圖的自拍照

受試者用實驗室的iPad拍攝一張照片（大頭照），上傳到她們自選的社群媒體（臉書或IG）做為大頭貼。

第二組：拍攝並發布修過圖的精選自拍照

受試者用實驗室的iPad拍攝多張自拍照，可用iPad裡已安裝的修圖app修改照片，將自己滿意的照片上傳到社群媒體做為大頭貼。

第三組：不發自拍照

受試者拿著實驗室的iPad，閱讀一篇來自社群媒體新聞網站的短文，內容與外貌無關，也不會激發情緒（最受大學生喜愛的旅遊創意），然後回答與這篇文章相關的問題。

三組受試者在實驗前與實驗後都做了心情評估。一如預期，跟沒發自拍照的第三組比起來，發了自拍照的第一組與第二組都顯得比較焦慮、比較沒自信，也都覺得自己比較醜。

發未修圖自拍照的受試者，實驗後的焦慮程度比實驗前高出十%；發修圖自拍照的受試者焦慮程度上升五．五%。閱讀文章和回答問題的控制組焦慮程度下降了五%。

除此之外，未修圖自拍照組的信心下降了十五%，修圖自拍照組下降了七%。研究者相信，這是因為女性看見自己的照片時，對自己的外貌不滿意是典型反應。

這很正常，不是嗎？我們每天都在社群媒體上看到這麼多垃圾，或是所謂的「美貌」，會對自己失望實屬自然。打開社群媒體，你會看到模特兒、你不記得自己有追蹤的性感美艷大學校友、模特兒、鬆餅的照片、模特兒、寶寶、寶寶、模特兒、漂亮的高中同學用「crema」濾鏡修過的美照。

社群媒體是人生縮影，總結你所有的幻想、希望、美夢、焦慮和恐懼。但要是你只看那些模特兒、訂婚宴和朋友去吃晚餐卻沒邀你的修圖美照，你的世界會變得跟那些東西一樣狹隘。

不知不覺，ＩＧ動態成了我的焦慮來源。每當我點開ＩＧ或臉書，心跳都會稍微加速。因為我接收到的內容，都會讓我覺得自己不夠好。可是，我還沒準備好離開臉書或IG，它們是我的溝通工具，也是我跟朋友保持聯繫的管道。它們使我憂鬱到不敢再看，但我卻軟弱到沒辦法甩頭就走。

於是，我開了一個新的IG帳號「女人說」，希望能讓自己用得開心一些。這是一場攪亂動態的寧靜革命。我會製作吸睛的圖片吸引正在滑動態的女性停下手指，成功吸引她們的注意之後，我會提供一些震撼、有趣、誠實的想法、啟示或真相，幫助她們忘記滑手機時片刻的焦慮。她們會被震出滑手機時的迷茫，回到真實世界，或是回到有意義的世界。

只要是能讓我開心一點、讓我改變思考角度、讓我忘記自己或喜歡自己或了解自己的內容，我就會發在新帳號的動態上。讓我覺得「當女人真棒」的小故事，貼心的提醒與啟示，忠告與智慧。持續看到跟女人美不美無關的內容，改看跟她們的故事、成功、怪誕、聰明、經驗、誠實、正直有關的內容，說不定我們就能把美貌放到一旁，轉而注重自己身上有沒有這些特質。

我剛成立「女人說」的時候，還不知道大腦有內建的消極偏見（negativity bias）。也就是說，我們會建立、加深並強化使我們對自己不滿的神經路徑。我不知道大腦天生容易記住和強調不好的記憶，如果我們沒有積極介入，這些負面想法將會主宰我們的人生。知道這件事之後，我明白「女人說」有更重大的意義。

不只是為了讓女性在滑ＩＧ時開心一點，也是為了改變她們對ＩＧ內容的思考角度，並且介紹全新的思維與存在方式。只要有足夠的時間，看過夠多的圖片、電子報、文章、資訊等等，我們就可以改變大腦，讓大腦不僅看見我們自己，也能以更正面的角度看待人生。

你有自己的美

你知道嗎，坐在對面的那個女人總是與眾不同。她在你眼裡那麼從容不迫、穩妥自信。但是她也看著你，在她眼中，你也是坐在對面的那個女人。

——黛安・馮・佛斯坦堡（Diane von Furstenberg），時裝設計師

我們為什麼只記得壞事？為什麼收到十句讚美，卻只記得那一句批評？為什麼我

們不記得有人稱讚自己很美，卻牢牢記住會計部門的蕾貝卡嘲笑我們的鞋子很醜？

這是因為大腦遵循古老的爬蟲模式運作，會把壞事或有危險的事都記住。心理學教授伊莉莎白．坎辛格（Elizabeth Kensinger）說，我們對負面事件產生情緒反應時（被分手、被搶劫、認識的人過世），會無比清晰地記住所有細節，因為「大腦的情緒電路啟動，強化原本的記憶網絡處理過程，使記憶運作得更加快速有效」。我們儲存負面事件是為了得到教訓、認得觸發負面事件的刺激，避免未來重蹈覆轍。

正因如此，你永遠忘不了第一次對你已讀不回、人間蒸發的約會對象。這種事第一次發生時，會在大腦留下印記。因為忘不了，所以碰到新的聊天對象時，你會特別注意。你知道哪些跡象值得留意。

這些時刻，這些不好的記憶，會建立並加深與生俱來的消極偏見。大腦裡的神經路徑很像小溪，愈常使用流量就愈大，流速也愈強勁。大腦處理一段經驗時，要不送往負面路徑，要不送往正面路徑，端賴你的個人解讀。

但十次有九次，由評論、思想與觀察構築的現實會被吸進負面路徑，因為負面路徑吸引力強大。我們甚至無法選擇自己對一則評論、一個反應、一次邂逅的感受。負面小溪奔騰的水流很強勁。

我們每天都在負面小溪裡游來游去，小溪被我們養得又急又深，但除此之外，演化與天生的構造也是原因之一。大腦裡某些地方保有動物本能，所以我們仍有「戰或逃模式」(fight or flight)，這是祖先遺留下來的功能。

大腦把負面記憶永久保存下來，為的是保護我們。正因如此，我們會牢記不忘僅有的一句負評，卻把一百句好評給忘了。我們整夜輾轉難眠，滿腦子都是難受的回憶與過往，而不是快樂的回憶。

其實大腦也演化出新的部位與方法，能用智慧對抗爬蟲腦。其中一種方法叫做「認知覺察」(cognitive awareness)：仔細留意，每當我們把想法、評論、記憶推到負面小溪裡，就趕緊壓抑這種本能。把它們推往另一條路徑。日復一日拓寬並強化現在只是涓涓細流的正面小溪，它會慢慢壯大到跟負面小溪一樣水流強勁。

正面訊息是強化正面小溪的方法之一。改變我思維的其中一個正面訊息是：**你跟她的美不一樣，你有自己的美**。我不記得這句話我是在哪裡、在什麼時候看到的，但是跟我聽過或觀察到的許多名言佳句一樣，這句話我一直銘記於心。我甚至把這句話做成貼紙，貼在手機背面。我搭地鐵時看到美女，就拿起貼紙來看一看。當我覺得心情急轉直下，幾乎快要為了她有而我沒有的東西鑽牛角尖時，我會看一下這張貼紙。

我練習看這張貼紙來拉自己一把。**你跟她的美不一樣，你有自己的美。**

看看那張貼紙，我的心情就會變好。我會想到愛我的每一個人，想到我曾收過的每一句讚美，想到我的個人特質、我的才華、我的魅力。我經常想起這句話，經常看見這句話，也經常說這句話。換了手機之後，新手機上沒有那張貼紙，但我已不再依賴它。因為我已銘記於心。無須刻意召喚，這句話就會自動出現。當我在街上看見廣告看板、名人、美女的時候，它會自動浮現腦海。我不但因為這句話心情變好，也變得不那麼愛品頭論足。我能夠欣賞其他女性的美好，也能欣賞自己的美好。

轉念之後

女權表態的第一步是說：「好，他們在看我。但我也在看他們。」也就是決定看回去，決定世界並非由別人對我的觀察來定義，而取決於我對他們的觀察。

——安妮・華達（Agnès Varda），法國電影導演

忘掉鏡子之類的東西後，人生變得很簡單。

——達芙妮・杜穆里埃（Daphne du Maurier），《法國人的港灣》（*Frenchman's Creek*）〔5〕

天生美貌不是魅力四射的先決條件。

——黛安娜・佛里蘭（Diana Vreeland），時尚編輯

5 譯註：《法國人的港灣》簡體中文版由文匯出版社翻譯出版。

CHAPTER
3
工作：一整週的意志力拉鋸戰
The Mood: Work

症狀包括：情緒激動、焦躁不安，
渴望搬去巴哈馬賣手作手環為生。

聽聽別人的經驗談

今天早上醒來時，我覺得又累又難過。還沒起床就已經覺得身體不適，很想再度閉上雙眼。

——阿內絲・尼恩

我發現，我當人當得很厭倦。

——蘇珊・桑塔格，《我等之輩》（*I, etcetera*）

我的腦袋裡彷彿有個旋風，持續肆虐了一整天。

——喬治亞・歐姬芙

七月裡一個溫暖的星期四，我起床時覺得自己無法面對這世界。床單吸住我的腿，被子蓋著我的臉，幫我擋住窗外的白光。傑伊剛剛拉開窗簾，在那之前他已經打好一杯果昔，煮了一杯咖啡，搞不好還處理了幾封電子郵件。有時我懷疑他是機器人。他可以輕鬆起床，毫不費力——起床，洗澡，穿上牛仔褲。他總是隨時做好準備。相較之下，我還沒起床就已身心俱疲。我必須找到動力才有辦法起床。這天早上，我覺得起床特別困難。

七點三十分，我努力起床。我站在地上，伸了幾個懶腰，然後走進浴室。我集中精神一一完成眼前的任務：刷牙，洗臉，使用止汗劑。但是這個早上我故意放慢動作，好盡量避開傑伊，因為我沒有精力假裝自己很正常、很開心。我們的感情最近搖搖欲墜，如果他察覺到我有問題，很可能會雪上加霜。

這是因為我不應該心情不好，至少現在不應該。我剛從行銷公司離職還不到兩個月，原因是我覺得在那裡上班很痛苦，所以離職跑去當我爸的助理，薪水是之前的一半。我告訴傑伊，如果我有多一點時間寫書，就不會一直這麼焦慮。我還告訴他，不用通勤上下班，我就不會每天回到家都那麼悲慘。我說離職對我的心理健康有幫助。雖然他說心理健康的人絕對不會選擇進入家族事業，但是他同意幫我付一半房租，希望我能快樂一點。只不過，這天早上我並不快樂。

我一聽見大門關上的聲音，就立刻深吸一口氣，然後動手洗果汁機，拿出洗碗機裡的乾淨碗盤後再把髒碗盤放進去，鋪床，整理沙發上的抱枕。這是為了表示我有好好做家事，儘管我減少了工作量，但我花在煮飯跟打掃的時間變多了。

收拾完家裡，我把筆電放在廚房的中島上準備工作。我一打開電腦就感到胃部一縮，這種白人怒氣[1]跟我之前上班時坐在辦公桌前的感受一樣。鄙視一切的感覺也一樣。問題是，這次我鄙視的是我的公寓、窗外的工地、廚房中島旁的垃圾桶飄出來的臭味。

我漸漸覺得不喜歡在家工作。連續八小時沒有碰到其他人類很不正常。沒有人可以讓我慰問一番。上一份工作至少還有同事可以互吐苦水。現在我的同事只有我爸一個人。上次我試著向他吐苦水，後來我媽打電話給我，說我如果真的想當我爸的助理就得拿出「專業態度」。結果現在我非但沒有同事可以聊天，還跟我媽陷入冷戰。

我一路工作到下午一點，中途只有起身做了一個三明治，還有起身一次在家裡四處尋找冷氣遙控。助理工作兩點左右下班，接下來該做另一個工作：寫書。我從廚房中島轉戰臥室裡的書桌。寫了三小時，進度不到兩頁，所以我決定今天到此為止。已經五點了，我得去超市買菜，在傑伊到家之前擺脫壞心情。但最後我沒有擺脫壞心情，

反而更加消沉。

全食超市人山人海，而且我要做的雞肉料理居然有四種食材買不到。我是否應該改做別的料理？還是管他的，少了四樣食材也能做？如果換一道菜，要做什麼才好呢？要不要順便買衛生紙？無數問題在我腦中流竄，形成憤怒的渦流。我痛恨全食超市。我痛恨自己老是忘東忘西。我痛恨生活如此沉重艱難，儘管我知道事實並非如此。我痛恨自己陷入這種壞心情。

最後我買了我們家並不需要的衛生紙，忘了買雞肉料理的主要食材雞肉。我在冰箱裡翻找食材時才發現忘了買雞肉，這使我直接飆淚。滾燙的淚水流下，接著激動喘息變成嚎啕大哭。典型的發洩情緒。沒錯，我心想，我正在排解壞情緒。我哭完冷靜下來，用衛生紙擦乾眼淚，像每次大哭後一樣照鏡子細看自己的臉，卻發現心情完全沒有變輕鬆。糾結的心情沒有散去，但晚餐依然沒有著落。我考慮傳簡訊給傑伊，請他回家時順道買雞肉。但是這跟我們之前說好的不一樣，而且等他到家都快七點了。所以我再次穿上外套，頂著紅腫的雙眼走五條街去全食超市買那該死的雞肉。

1 譯註：白人怒氣（white rage）意指白人因為害怕失去既得利益而惱羞成怒。

我踏出家門，外面正在下雨，微熱的夏季雨水帶著水泥氣味。步行回家時，我覺得自己好像一步步走向人生終點。我查看手機，看見幾封新的工作郵件。雖然我知道我已經下班，卻還是不自覺感到胸悶。這些人居然敢現在寄電子郵件給我。下班時間還問東問西，真是不要臉。我知道明天再回覆就行了，可是一想到他們坐在某處等我回覆，我登時更加絕望。早上還像一顆小球的壞心情，現在膨脹成一個黑洞，而我就站在黑洞邊上。傑伊看我的眼神不對可能會令我抓狂。再來一封工作郵件可能會把我逼到歇斯底里。大腦快速播放起可以幫我擺脫壞心情的事，那些在我墜入黑洞前拉住我的最後一搏：喝酒，抽菸，尖叫，痛哭，跑步，看電視。一定有一件事，任何事都好，能使我冷靜、放鬆，不再處於爆炸邊緣。但這些事似乎都不是解藥。我什麼都想要，也什麼都不想要。

「怎麼了？」傑伊才剛回到家五分鐘就關心起我的狀況。他肯定是察覺到他進門時我勉強擠出口的那聲「嗨」有問題，就好像一邊舉起五十公斤重物，一邊假裝輕鬆愜意地打招呼。或許他看出我攪拌醃製用的醬汁時，手腕特別緊繃。又或許他在我的眼神裡看見癲狂。

「沒什麼，」我說，「今天工作不太順。」

壞心情要告訴你的事

是工作的緣故嗎？今天真的有那麼糟？今天不是我理想中的一天（我理想中的一天是在義大利阿瑪菲海岸〔Amalfi Coast〕的泳池旁發呆），可是也沒有發生任何糟糕的事呀。幾封惱人的電子郵件。跑了兩趟超市。雞肉料理失敗。今天沒有發生任何壞事，也不用面對我經常抱怨上一份工作的那些鳥事：通勤，加班，四點就完成工作還是得在公司待到五點半。現在我不用煩惱這些。既然如此，為什麼我的心情還是跟以前身不由己時一樣低落呢？

我試著在筆記本上描述這種狀態：「筋疲力竭，惱怒激動，焦躁不安。」算了吧，我心想。我太累了，沒辦法繼續工作。我把筆和筆記本扔回抽屜裡，喝光流理台上的那支葡萄酒，讓自己醉倒。這一天糟糕透頂，而我依然沒找到原因。

我花了好一段時間才明白，這種壞心情想告訴我什麼。我後來又經歷至少五次類似的心情，直到幾週後看到一個朋友分享一篇文章，談到意志力、自制力和一種叫做「自我耗損」（ego depletion）的心理學理論。文章跟工作無關，卻完全說中我的感受。

「自我耗損」理論認為意志力是有限資源。跟體力或力氣一樣，一天之中意志力用得愈多，就會變得愈少。正因如此，下班後再去健身房運動會比較難；星期三會比星期一更加暴躁易怒；爸媽來你家待久了，你會對他們愈來愈不耐煩，雖然他們跟剛到的時候一樣滿嘴批評或神經兮兮。

最早提出這項理論的是社會心理學家羅伊・鮑麥斯特（Roy Baumeister）與馬克・穆拉凡（Mark Muraven）。他們的實驗室做過多次衡量個人自制力的研究，實驗方法是請受試者完成需要意志力的任務。例如有一項研究請受試者花幾分鐘寫下腦海中的想法，而其中一組受試者被要求絕對不能想到白熊。這部分結束後，受試者必須玩一組易位構詞遊戲（anagram）〔2〕。其實這些單字都無法重組成其他單字，而鮑麥斯特要做的，是測量受試者嘗試了多久才放棄。白熊組的受試者嘗試的時間，顯著地少於想法沒有受到規範的受試者。

相同類型的實驗也用來衡量反抗後的意志力程度。請受試者待在一個房間裡，面前有一盤餅乾但是得忍住不吃。他們發現這組受試者玩易位構詞遊戲只花了八分鐘就放棄，而另一組（沒有餅乾，所以無須克制）花了二十一分鐘。實驗結果顯現出一種模式：愈是壓抑自己的渴望去做自己並不想做的事，自制力會隨之降低。

你可以把意志力跟自制力想像成汽車油箱。把油加滿才能以最佳效能運作，你可以發揮仁慈、耐心、積極進取。你會認真上健身房，因為你對自己發過誓。你不會斥責同事，因為再怎麼生氣，你都知道向心力更重要。你也不會吃速食，因為你知道吃健康的晚餐不會吃的時候開心，吃完才覺得後悔。

一星期過了一半，這時油箱裡的油已用掉三分之二，你開始有點力不從心。你失去上健身房的動力。你對客戶漸漸失去耐心，通勤也變得難以忍受，令人想尖叫。很快地，油箱見底。於是當你終於走進家門，看見冰箱裡健康的剩菜時，你只想來一杯伏特加，然後叫一個披薩。這個時間待在家裡很無聊，因為這時間你平常用來上健身房或寫日記，或是保留給任何你想建立的健康習慣。因為無聊，所以你跑去你家附近的酒吧喝酒，把該做的事情全部拋諸腦後。你會在酒吧邂逅吉姆，他笑容迷人，還把披衣菌傳染給你。但這些都不是重點。重點是**自我耗損是多數女性非理性行為的癥結**，無論你是不是朝九晚五的上班族都逃不過。

這種壞心情並非來自工作，而來自意志力耗損。是持續行動與強行壓抑的結果。我有沒有上班並不重要，因為這與工作本身無關，而是為了熬過一整天所耗費的心神。

2 譯註：易位構詞遊戲是把一個或多個單字的字母拆開打散，重組成不一樣的單字。例如「silent」可重組成「listen」。

我使用的意志力跟以前一樣多，只是做的事情不一樣罷了。以前通勤，現在打掃。以前坐辦公桌，現在上超市。意志力耗盡的時候，我對身旁的一切會有不同的感受與想法，情緒狀態也幾乎完全不同。意志力耗盡後，人生會比較難熬。

失控的癥結出在「自我耗損」

✓ **疲累的時候容易暴躁**

你有沒有想過，為什麼疲累的時候比較暴躁？疲累不是暴躁的原因。疲累表示你休息得不夠，意志力沒有獲得補充，只能靠少量的意志力撐完一整天，於是不管做什麼都更顯艱難，衝動變得更難克制，判斷力也被削弱。大腦一片迷濛，因為它在耗損狀態下運作。

✓ **筋疲力竭時無法壓抑壞習慣**

所有壞習慣都是提示所激發出來的。你是否覺得奇怪，為什麼你都說了要戒菸，晚上出去玩的時候總忍不住要跟旁人討一支？這是因為酒精、鬧市、酒吧等提示包圍著你，激發非抽菸不可的慣性反應。我們當然可以強迫自己留意提示，壓抑習慣。但是筋疲力竭時，我們的意志力不足以抵抗這些提示激發的慣性反應。

✓ 精神不佳時易做出愚蠢的決定

身心俱疲的時候，也不太可能有餘裕妥善評估情況。通常會犯下大錯，都是因為疲憊到無力收集必要資訊。史丹佛商學研究所的強納森．勒維教授（Jonathan Levav）與本古里安大學（Ben-Gurion University）的沙伊．丹奇格教授（Shai Danziger）以假釋官為對象所做的一項研究，能夠說明這種情況。

早上剛上班時，假釋官的精神比較好，會花較多時間與精神審查手上的案件。到了快下班的時候，他們花在了解囚犯與案件內容的時間會變少。研究人員分析了歷時一年的一千一百多個假釋決定，發現早上審查的假釋申請案約有七〇％會獲得核准，傍晚則是低於十％。

意志力耗損會導致我們缺乏意志力。我愈仔細觀察，就愈明白自己以前的處理方式實在大錯特錯。我非但沒有設法補充，反而榨乾每一滴意志力。我沒有減少工作量，反而做得更多。我沒有休息，反而把休息時間拿來處理雜事。我用痛苦治療痛苦。運動時身體會告訴我它已經累了，同樣地，這種壞心情也是一種信號，代表我的體力與意志力已經很差。它提醒我油箱快見底了，必須重新加滿。如果這種壞心情來自意志力耗損，解決方法是學會幫意志力「補血」。

勇敢拒絕，別當濫好人

獨處是我恢復的時間。

——瑪麗蓮．夢露（Marilyn Monroe）

我們常說睡一覺起來就會好多了，這是因為心理學已經證實，睡眠是恢復意志力的方法之一。問題是，並不是每次需要自我恢復時都有機會睡覺。我必須在一天之中設法保存意志力，以免快速流失。我很快就發現有個方法非常有用：盡量說不。

我以前是「好約一姊」。正式邀約當然不用說，我一定會去。新娘的婚前派對，朋友約吃晚餐，下班後喝一杯。我討厭的人約我吃早午餐。親朋好友臨時來紐約玩，請我當導遊。儘管我不太想答應，卻總是說好。我不好意思拒絕別人。我怕自己讓別人失望，這種恐懼戰勝我只想在床上躺平的渴望。

我當時不知道，跟答應別人之後的情緒失控比起來，拒絕別人的罪惡感其實還算舒服。辛苦上班一週，星期六需要時間獨處，這時拒絕男友約你去逛街，好過在高級百貨公司的男裝部徹底崩潰。（我得承認，這件事發生在我領悟何謂自我耗損的幾天之後，當時我以為耗損我的是工作。我不知道週末也會造成耗損。）

讓我很快說一下這個故事。週六早上，也就是壞心情週四的兩天後，雖然忙了一整週，我還是答應傑伊陪他去買西裝。是他結婚那天要穿的西裝。這套西裝一定要去布魯明黛百貨公司（Bloomingdale's）買，因為我們有個朋友在那裡工作，能提供特別折扣。但是布魯明黛百貨位在曼哈頓市中心，我們從布魯克林出發必須在聯合廣場（Union Square）轉車，也就是要搭兩趟地鐵才能抵達。

婚禮定於九月，我們必須在七月底買好西裝。這一年七月的高溫衝破歷史紀錄，更慘的是，州立大都會運輸署正在維修地鐵布魯克林線，兩班車的發車間隔變成二十分鐘。

我們花了一小時才抵達百貨公司，我享受著冷氣，剛才搭地鐵的輕微焦慮也暫時緩解。我們走到西裝區，挑選了一陣子，然後傑伊開始試穿。我在旁邊看他試穿，提供意見，又拿了幾件他想試穿的尺寸。我心想，我真是個稱職的未婚妻。我是成熟的大人。

我不確定布魯明黛百貨的銷售員能不能抽成，但是有位親切的年長櫃姐亦步亦趨跟著我們，貼身服務。我很同情她，因為她一整天站著工作。她看上去至少年過七十。我刻意對她特別友善，給她看我的婚紗照片，還在傑伊試穿的時候跟她閒聊。其實我希望她走開，但我也想幫這位阿姨賺業績抽成，或至少跟她相處愉快。

挑完西裝，接著去挑鞋子。我們想試穿三雙。除了三雙在我們預算範圍內的鞋子，阿姨多拿了一雙我們通常不會考慮的昂貴皮鞋。她說特別的日子就是要穿菲拉格慕（Salvatore Ferragamo）。我說這個牌子很貴。她說好的品質花再多錢也值得。

「鞋子跟西裝，哪一個值得多花點錢？」我問傑伊。

「西裝吧？」他說。

「錯啦，」阿姨用悅耳的聲音說，「鞋子才能展現個性。」

「她說得對，」我說。於是我們必須縮減西裝預算。

挑了一套更便宜的西裝後，接下來要買襯衫。一件好襯衫。傑伊問我，他應該買修身襯衫還是普通襯衫。我看不出兩者有何差別。

「肩膀看起來會不會太緊？」他問我。

「反正外面會穿西裝，有差嗎？」我說。我們已經逛了兩小時，我的腳不太舒服，所以傑伊穿這件白襯衫會不會覺得胳肢窩太緊，對我來說一點也不重要。

我們帶著選好的東西來到結帳櫃台時，阿姨突然發現她拿錯襯衫。她必須回去襯衫區更換。這時我的腳變得更痛。我拿起手機，發現我們已在店裡逛了三小時，離開家已四小時。不管以逛街、站立還是假日活動來說，我都已到達極限。

差不多過了二十分鐘吧，阿姨拿著對的襯衫回來。

「你們有布魯明黛卡嗎？」她問。

「沒有，」我說，緊接著遞出傑伊的信用卡，希望她明白我知道接下來她會說什麼，而我的答案是「不要」。

「喔，你們應該辦一張。我可以幫你們辦，很快。」她顯然沒有接收到我的暗示。

「不了，我的信用卡已經夠多張。謝謝你。」

「這不是信用卡啦，是會員卡。只需要提供電話、email跟……」

「不用了，謝謝！麻煩你幫我們結帳，別再浪費時間了好嗎？」

我左手邊正在摺襯衫的男性銷售員望了過來，但是我不在乎。氣氛愈來愈尷尬，阿姨放下手裡的會員卡，繼續給每件商品刷條碼。刷著刷著，她發現長褲沒有我們要的尺寸，她得幫我們叫貨。「麻煩你們留一下送貨地址，」她說。

我看著她再次伸出一根手指敲鍵盤，而我們住的那條街名有十二個字母。「你在開玩笑吧？這樣要搞到什麼時候？」我高聲說。此刻我已忘了自己是誰、身在何處。她冷汗直流。我已經不在乎她到底有多老、人有多親切。

「就快好了，」她向我保證。我能感覺到傑伊拚命在用眼神叫我冷靜一點。就在這個時候，她發現她弄錯了鞋子的尺寸。

鞋子是最後一根稻草。她刷了尺寸不對的鞋子，但現在這批貨物會一起寄去我們家。我剛才試著告訴她，她把我們家的地址打成「1B」，其實是「1V」。「是Victor的V，」我咬牙切齒。

「好的，」她極度緊張，「讓我重新輸入一次。請你再說一次地址是？」

「算了，我要走了。去你的西裝！我要崩潰了，」我大吼，然後頭也不回走出布魯明黛百貨公司，走進酷熱的紐約中城區。傑伊跟我再次搭了兩趟地鐵回家，把彼此當空氣，我們沒有買到西裝，白白浪費五個小時的週末時光。我又一次做了丟臉的事。如果作家阿內絲．尼恩說的是真的，人在陷入情緒危機時會展現出最真實的模樣，那真實的我簡直糟糕透頂。我想對別人好，卻沒辦法堅持到底，最後以情緒崩潰或驚慌失措收場。因為我控制不了脾氣，破壞了美好的星期六。現在我知道，問題的根源是我沒有控制好油箱的存量。

從那天開始，我決定只要碰到我認為會耗盡意志力的事，或是在意志力儲量快要見底時做不來的事，我都要斷然拒絕。好吧，也許不是直接拒絕，而是「改天再說」。

因為我不希望自己再次因為意志力耗盡而毀掉重要的人生時刻。我漸漸相信，情緒成熟的意思是知道自己的極限在哪裡。必須說「不」的時候，果斷說「不」。無法使我恢復意志力的事情，先跳過不做。知道自己何時需要獨處、何時需要陪伴。要是那天我有聆聽自己的心聲，確認自己的電池，然後留在家裡，布魯明黛百貨公司的那場鬧劇就不會發生。或是雖然離開家的時候沒發現意志力已耗盡，我可以在感到精神不佳時先離開一下，自己一個人安靜充電，叫傑伊待會兒來咖啡館或珠寶區找我。

建立寵愛自己的儀式

持續不斷的小獎勵是幸福人生的祕訣之一。

——艾瑞斯・梅鐸（Iris Murdoch），《大海，大海》（*The Sea, the Sea*）〔3〕

遺憾的是，有些時候你就是無法說「不」。有時星期六就是得處理各種雜事，我那天去布魯明黛百貨公司就是一例，你不是每次都能預知意志力即將耗盡。上班累了一整天，回家還要盯孩子寫功課。老闆臨時要你趕一份十五頁的報告。去婆家或岳家過耶誕節。碰到這些無法躲在家裡、也不能關掉手機的情況時，你只能靠自我約束和意志力咬牙撐過去。可是，如何做到？意志力耗盡時，如何自我約束？

如何在沒有時間休息和放鬆的情況下恢復自制力？對此心理學家做過無數研究。最快也最簡單的那種方法我以為自己也做得到，沒想到完全不行：獎勵自己。

伊莉莎白．吉兒伯特在回憶錄《享受吧！一個人的旅行》中提到，儀式是消化負面情緒、處理並放下各種幽暗時刻的重要方式。「這正是儀式的意義，」她說，「各種心靈儀式，都只是為了幫複雜的喜悅或痛楚提供安全的休憩地，讓我們無須永遠背負這些沉重的感覺。」

這裡的「儀式」指的是在日常生活中，用一些平凡小事來讓自己靜心和充電。例如午休時散散步、去做個美甲、專門為地鐵通勤買一本新書、週日晚上泡個澡。

哪些事會耗損意志力？哪些事能補充意志力？哪些事會令你開心？哪些事會在你貌似快要崩潰時，使你恢復好心情？我想，我們都忘了如何暫時停下腳步，小小地寵愛自己一下。我們對壓力和身心耗損習以為常，脫離這種狀態反而坐立不安。其實只

3 譯註：《大海，大海》繁體中文版由木馬文化翻譯出版。

要在生活中多穿插幾個休閒時刻，就會有更多力氣去處理惱人的痛苦時刻。

近期一些研究發現，正面的心情或情緒能像酸鹼中和一樣，緩解自我耗損。聽起來很簡單，其實沒那麼容易，請想想心情不好的時候，想轉換成好心情有多難。這是自我耗損面臨的困境：意志力耗盡使你既焦慮又暴躁，唯有靠正面情緒才能補充意志力，但是你所剩無幾的意志力已無法駕馭情緒。這時候，獎勵自己是唯一正解。

有項研究請受試者先做一個需要自律的任務，結束後讓他們分別看喜劇節目、收到禮物或什麼也不做。接著再讓受試者進行另一個需要自律的任務，觀察他們的表現。喜劇組和禮物組的第二次任務表現，優於什麼也不做的受試者。事實上，他們的表現跟意志力未耗損的受試者（沒有做第一項任務）一樣好。

花時間寵愛自己、做些讓自己愉快的事絕非自私行為，而是自我修復。知道哪些事能在你即將崩潰之際轉換你的心情，或是如何調整一週的工作步調以免耗盡意志力，是一種成熟的表現。

三十四歲的美國作家蘇珊・桑塔格善用清單，她相信只有自己感興趣的事物才有意義。「除了我感興趣或可能感興趣的事物，其他東西在我眼裡都不存在。」她認為受到關注才算存在，所以寫了不少沒那麼好懂、卻讓人感同身受的「喜歡」與「討厭」清單。

蘇珊・桑塔格的日記（一九七七年，二月二十一日）

我喜歡：

火焰、威尼斯、龍舌蘭酒、日落、小寶寶、默片、高處、粗鹽、帽子、長毛大型犬、模型船、肉桂、鵝毛被、懷錶、草地剛除完草的氣味、亞麻布、巴哈、路易十三年代的家具、壽司、顯微鏡、寬敞的房間、好事、靴子、開水、楓糖糖果。

我討厭：

自己單獨在家睡覺、寒冷的天氣、情侶夫妻、足球賽、游泳、鯷魚、八字鬍、貓、雨傘、拍照、甘草的味道、洗頭（自己洗和別人幫我洗都討厭）、戴手表、演講、雪茄、寫信、淋浴、羅伯特・弗洛斯特（Robert Frost）的詩、德國菜。

葛瑞琴・魯賓（Gretchen Rubin）在著作《過得還不錯的一年》（*The Happiness Project*）〔4〕裡，用一整章的篇幅講揮霍與快樂。她說：「花錢買我珍惜的東西使我快樂。想知道自己真正想要什麼，而不是跟風渴求別人也有的東西，需要自我了解與自制力。」接著她說：「如果想用金錢換取快樂，必須把錢花在原本就能使你快樂的事情上。」

哪些事使我快樂？我可以在日常生活加入哪些小儀式來享受一下？蘇珊・桑塔格喝咖啡。美國作家葛楚・史坦（Gertrude Stein）讀文學。《慾望城市》的女主角凱莉買鞋子。而我的快樂是打開一瓶寶格麗香水（Eau Parfumée）。這是我跟傑伊有次住飯店時，飯店送的試用品。每次打開瓶蓋，這個裝著液體的小瓶子就會把我送到另一個時空。一個不用工作、沒有壓力、不像我家那樣急需打掃，一個美麗的地方。例如巴黎或是羅馬，燈光柔和，戴著白手套的男士為我開門。這個小瓶子裡的香氣使我精神百倍，每當我覺得既虛弱又幻滅時，我會走進浴室，在手腕跟耳後點幾滴香水。雖然這一招很傻也很簡單，但被這個香氣圍繞，是我重要的充電小祕訣。

做菜也成了一種儀式。或許是因為我在家工作，時間變多了；也或許是因為我需要一個空間釋放緊張能量。總之做菜是一種有成就感的休閒活動，我漸漸愛上將食材切切洗洗、混合攪拌成料理的創作過程。不知不覺，做菜變成我的儀式，是一整天裡難得的平靜時光：什麼都不想，只專心處理眼前的事。我決定把廚房當成放下所有負擔的地方。做菜的時候，我允許自己不去想那些不得不做的事，只思考自己想做的事。

另一個令我開心的小儀式是每晚點一支蠟燭。拿起一根火柴劃一下，這象徵燃燒的小動作本身，就足以成為生命殿堂的慎重儀式。你可以用燃燒蠟燭為今日劃下句點。又或者你可以每晚喝一杯熱茶。胖胖的燒水壺，水滾時的氣笛聲，蒸騰的熱氣。喝茶可以成為一種儀式。在茶湯輕觸雙唇的那一刻，放下所有煩憂。

這些年下來，我累積了不少儀式：在我最喜歡的電影院裡看新片；無印良品的日本原子筆；喝一杯特髒馬丁尼（extra-dirty martini）〔5〕；在布魯克林閒晃至日落；一塊黑巧克力；一本新書。這些小小的、有時很私密的儀式，能在情緒似乎走向崩潰邊緣時，拉你一把。它們使你成為獨一無二的你，也是你的生活樂趣。

4 譯註：《過得還不錯的一年》繁體中文版由早安財經翻譯出版。
5 譯註：特髒馬丁尼是加入醃橄欖汁的馬丁尼，通常會以醃橄欖做為裝飾。

知名女性的小儀式

卡羅琳．李．拉齊維爾（Caroline Lee Radziwill），美國名媛

「我有一個不可理喻的奢侈習慣，那就是只要看到貴得不得了的蘭花，就一定會買。這錢花得值得，因為我喜歡。」

奧黛麗．赫本

「她晚餐後會吃巧克力，是那種烘焙用的黑巧克力。每晚會喝一、兩指威士忌。」——羅伯特．沃德思（Robert Wolders），赫本的男友

喬治亞．歐姬芙，美國藝術家

「我喜歡在黎明時分起床。狗狗會跑來找我說話，我點燃柴火，也許泡壺茶，然後坐在床上欣賞日出。早晨是最舒服的時間，沒有嘈雜人聲。我的善良脾性喜歡沒有凡夫俗子的世界。」

瓊・蒂蒂安，美國作家

「晚餐前我需要獨處一小時，自己喝點小酒。」

可可・香奈兒（Coco Chanel），時裝設計師

「我只在兩種情況下喝香檳，談戀愛的時候，以及沒談戀愛的時候。」

伊麗莎白・泰勒（Elizabeth Taylor），美國演員

「我喜歡聽搖滾演唱會……我喜歡在節奏和體溫形成的巨浪裡縱情忘我，跟大家一起律動。」

如果你想不出該用哪些健康的小事來獎勵自己，我想了以下幾個改善心情的簡單方法供你參考。

大方利用午休

過去我一直覺得午休很有罪惡感：如果我跑去奇波雷餐廳（Chipotle）買外帶，沒有在二十分鐘內回到公司，我就不是個好員工，在占公司便宜。我如履薄冰。現在回頭看，我知道這種想法很荒謬。根本沒有人在計時，也沒有人盯著我看。**沒有人在乎我花多少時間午休**。只要能把工作做好，我就是個好員工。就算我想花半個小時在外面吃午餐，那又如何？

享樂無須等到週末

關於我的老同事梅蘭妮，有兩件事令我永難忘懷。第一件事是當時她住在雀兒喜區（Chelsea）的公寓頂樓，有四個室友，都是女孩。有天晚上室友特地針對她召開集體會議。「你做愛的時候太吵了！」她們說，「昨晚下雨，但蘇菲不得不躲去陽台淋雨，因為你實在太大聲！」

隔天上班時梅蘭妮哭著告訴我這件事。「我真的不懂，她為什麼不打開電視就好呢？現在她赤腳淋雨得了肺炎都成了我的錯？」她嚎啕大哭。

第二件事是梅蘭妮每次向我傾訴類似的故事後，都會跑去跟公司同一條街上的一家美甲店做指甲。四十五分鐘後，她會興高采烈回到公司，問我們是否喜歡她指甲的新顏色。我記得當時覺得做美甲真是有夠浪費，既浪費錢也浪費時間。這樣就要十五美元，大可拿來做更有用的事。但現在我知道以維持理智來說，這十五美元實在物超所值。美甲是她的避風港，是她充電的方式，能幫助她對抗這座城市、惱人的室友和工作壓力。

獎勵自己不需要等到週末。別忘了，營養師也建議每天小小放縱一回，而不是持續挨餓最後跑去麥當勞功虧一簣。不要把享受留到週末。週末本身就已經棒得不得了。我們需要更美好的週二跟週三。

讓等待變得愉快

我知道睡眠與好心情都能補充意志力。那麼，有哪些事情能防止意志力流失呢？如果意志力是電池，做哪些事情無須耗電？

美國作家喬依思・邁爾（Joyce Meyer）寫道：「耐心不是有能力等待，而是有能力在等待時維持良好態度。」我不是個有耐心的人。地鐵誤點、打客服電話、在銀行排隊，這些事都需要大量自制力，我的意志力會隨著時間虛度而慢慢流失。等到我需要意志力的時候，意志力早被榨乾。幸好，我發現了《紐約客》雜誌。每週從信箱裡拿出這本雜誌，都像收到來自宇宙的禮物。它是我的旅行良伴，我的小毯毯，我的撫慰。這本一年九十九美元的週刊把每一次排隊、每一次誤點、每一次通勤變成閱讀機會。現在我可以享受閱讀《紐約客》的樂趣，不用耗費意志力發揮耐心。

如果你不喜歡閱讀，可以付費收聽全國公共廣播公司NPR的節目，或是在iPhone裡下載《實習醫生》（*Grey's Anatomy*）全劇，或是你喜歡的歌曲也可以。相信我，這麼做能在你情緒崩潰前拉你一把，絕對值得。

剔除多餘選擇

> 我覺得什麼事都做一點，不如什麼都不做來得輕鬆。我不是那種「淺嘗即止」的女人。無論做任何事，我都想做到百分之百。
>
> ——伊蓮・斯特李奇（Elaine Stritch），美國演員

布魯明黛百貨抓狂事件的幾週後，我的心情好多了。應該說，我能維持較長時間的好心情。獎勵自己不再是難事，我也喜歡探索新的生活樂趣。不過，我突然撞上瓶頸。忙了一天之後，我正在泡澡，這時收到傑伊的簡訊。

「晚餐想吃什麼？」

「隨便，給你決定。」我覺得自己很大方，但其實我也沒力氣想。

「我沒想法，所以才傳簡訊問你。」

「哇塞，」我心想，「傑伊心情不好。」我知道直接給他答案事情就解決了，問題是我真的不知道要吃什麼，而且我不想隨便亂選，萬一我們都覺得難吃，會很後悔多花錢買外帶。我知道他也是因為這樣才不想隨便亂選。他覺得我太挑剔，然後我愈來愈慌張。這是我們兩個的痛點，我們很容易為這種事情吵架。我在電影和電視劇裡看過類似的劇情，以前不明白為什麼。情侶和夫妻之所以為了晚餐吃什麼這種瑣事吵架，原因不是食物，而是選擇食物要耗費腦力。我這才知道，選擇也會造成自我耗損。

麻州綜合醫院的內科醫師安·索恩戴克（Anne Thorndike）知道選擇的力量有多強大，她想利用選擇的力量，改善醫院員工與訪客的飲食習慣，而不是靠改變他們的意志力或動機。她注意到不健康的汽水很暢銷，所以想在不改變消費者思維的前提下，改變他們的購買決定。

索恩戴克設計了一個為期六個月的研究，目的是改變院內自助餐廳的「選擇結構」，方法是調整食物跟飲料的位置。其中一項調整，是收銀檯旁邊的冰箱裡也放瓶裝水，這個冰箱裡原本只有汽水。她也在每張自助取餐檯附近，擺放盛裝瓶裝水的籃子。三個月後，汽水銷售下滑十一．四%，瓶裝水銷售上升二五．八%。

索恩戴克的研究使我們更加了解人類決策過程背後的邏輯，證明除了商品本身之外，商品的位置也會影響購買決定。我們不一定想吃餅乾，但眼前有餅乾，我們還是會吃。喝水喝得不夠多，是因為視線範圍內沒有水。

我們一天裡要做幾百個選擇，可以的話，大腦會盡量避免做選擇。你不會思考該不該回頭去拿比汽水健康的水，而會直接拿起汽水，因為汽水就在你面前，無須額外費力做決定。

選擇是耗損意志力的主因。選擇之前必須思考、推理、回應，最後做出決定。要去上班，還是乾脆請病假？今天要穿什麼出門？午餐便當要裝什麼？還是乾脆用買的？還是省點錢好了？要去健身房嗎？還是今天別去了？該不該回嘴？還是保持沉默？這些小小的決定都需要意志力，一整天下來，大腦就像童書《小火車做到了》（*Little Engine*

That Could）裡克服重重難關的小火車，只是這一次小火車**做不到**。欠缺意志力時，大腦中控制良好行為、理性思考與情緒的區域——也就是海馬迴——會整個關閉。

《紐約時報》的編輯約翰・蒂爾尼（John Tierney）寫道：「決策疲乏（decision fatigue）或許能解釋，為什麼平常很講理的人會對同事跟家人發脾氣、亂買衣服、在超市買垃圾食品、買新車時抗拒不了業務推銷的防鏽處理。無論你多麼努力保持頭腦清晰、品德高尚，接連做了許多決定後，大腦肯定吃不消。」

百老匯巨星兼艾美獎得主伊蓮・斯特李奇（Elaine Stritch）就曾深受選擇的力量所苦，她的問題跟酗酒有關。她仰賴酒精多年，對此自己的解釋是：「感到害怕的時候，一喝酒就不怕了。」酒精給她滿滿的自信，得以站在觀眾滿席的舞台上與片場的攝影機前。酒精是她的朋友、她的伙伴，但最後也成了她的問題。她的演藝生涯離不開酒精，轉捩點出現在巴黎：正值事業顛峰的她參加了一場華麗派對，身旁盡是名流顯要，但她卻徹底崩潰了。在喝了過量的琴酒馬丁尼後，她決定戒酒，重新振作。

不是滴酒不沾的那種戒酒。她規定自己一天只喝兩杯酒。一杯是上台之前壯膽用的，一杯幫助她撐過整場演出。

「一天兩杯。一天兩杯。**一天兩杯**！光是這樣喊話沒有用！你就是想喝十一杯，所以乾脆跑去百貨公司的花瓶區買花瓶當酒杯，」她在單人脫口秀節目《逍遙自在》（*At Liberty*）中坦承酒癮，這個節目後來獲得艾美獎肯定。她戒酒失敗，直到有次在導演伍迪．艾倫（Woody Allen）的殺青酒會上喝了十一杯酒，糖尿病發作險些喪命，她才終於決定再次戒酒。這次不是一天兩杯。接下來二十年她不再酗酒，固定參加戒酒聚會，而且事業依然蒸蒸日上，一路滴酒不沾到年過八十。

我並不了解上癮與酗酒的生理和心理機制，但是我知道若要戒除某種習慣，碰也不碰會比只碰一點點來得容易戒掉。完全不吃薯條好過只吃一根薯條。完全不喝酒好過「只喝一口」。視線範圍內沒有這些東西，好過明明看見了卻要強迫自己視而不見。

維持意志力與體力的不二法門，是減少不必要的選擇，就像你會盡量避免非必要的聚會一樣。

詹姆斯．克利爾（James Clear）在著作《原子習慣》（*Atomic Habits*）中寫道：「逃避誘惑比抗拒誘惑來得簡單。」忙了一整天的週一晚上，你身心俱疲走進家門，看見流理台上有一支葡萄酒，不打開來喝實在很難。誘惑就像屋子裡的那頭大象，你無法不去想牠。這會產生兩種結果，一種是你沒有意志力抗拒誘惑，一種是雖然你用殘餘的意志力成功抗拒誘惑，卻沒有足夠的意志力吃健康的晚餐，或是幫孩子洗澡。既然如此，何必給自己選擇呢？週日晚上把酒收好，週一就不用苦苦掙扎，對吧？控制意志力的關鍵，在於減少每天面臨的選擇數量。

減少選擇，會帶來一種出乎意料的解脫感。我用剔除婚禮賓客的心態來剔除選擇。哪些選擇不值得費心思。哪些是必要選擇？哪些選擇對我沒好處？我可以放下對哪些事情的懼怕、思量、擔憂？我跟傑伊試了一個月家裡不放酒精飲料，看看下班後回到家能否不喝酒。答案是家裡沒有酒時，戒酒出奇容易。每當我們真的超想喝酒的時候，其中一個人就得出去買酒，但我們兩個都懶得出門。

碰到晚餐吃什麼這類耗費心神、容易吵架的選擇時，我們決定從三家固定的餐廳之中選一家，這三家是我們兩個都喜歡的餐廳，哪一天吃都可以吃得很放心。有了這個決定後，每次要買外帶餐點，只要想想今天想吃希臘菜、印度菜還是泰國菜就行了。從食物外送網站上的幾百個選擇裡挑一個，實在勞心又勞力，三選一輕鬆自在。

我最後剔除的選擇，此前多年一直在耗損我的意志力。直到我開始一一清點占據腦海的煩憂，才發現我居然花費這麼多精力在「擔心」。我發現，擔心也是一種選擇。我必須選擇要不要擔心老闆或我媽說的某一件事。我必須選擇要不要擔心自己說了什麼、做了什麼。我必須選擇要不要擔心怎麼回一封電子郵件，以及要不要擔心對方如何回覆。我可以擔心，也可以不擔心。我可以放下這件事，並且決定不再去想它。也就是說，我選擇盡量置之度外。

善用措詞的力量

語言是一把魔杖。你所說的話會創造你的命運。

——佛羅倫斯．斯科維爾．希恩（Florence Scovel Shinn），《希恩文選》（*Writings of Florence Scovel Shinn*）

我還記得以前從出門上班、撐過上班時間到下班回家，我得拿出大量意志力。耗費意志力的每一個行為聯手打造壞心情，在我踏進家門那一刻爆發。後來我開始獎勵自己、建立儀式、剔除我不想耗費意志力的事情。我發現，工作時的活力變成過去的兩倍，精神崩潰的次數是以前的一半。

不過，有個障礙我尚未克服。這個障礙跟工作本身無關，跟「想到要工作」有關，也就是「週日恐慌」(Sunday Scaries)。

意志力耗損令你下班後心情不好，週日恐慌令你上班前心情不好。週日我一整天窩在沙發上腦袋放空看電視，想逃避腦海中那個焦慮的聲音。我老是因為滿腦子想著下週可能碰到的問題，就對傑伊亂發脾氣、疏遠他，我實在受夠了。我希望週日可以像週六一樣開心。理應如此，不是嗎？兩天不用上班，為什麼只能高興一天？

我從無數塵封的記憶中，翻找出一段當時覺得無足輕重、現在卻意義非凡的往事。那是幾年前一個特別黑暗的週日，我跟羅珊的友情將在幾個月後邁向終點。我們在紐約作伴了三年，從住在一起，到每週碰面數次，到只有週末才碰面。

我們的感情還是很好，只是彼此都在快速改變，各自演化成不一樣的人，有時我甚至覺得她非常陌生。我們住的地方也隨著每次搬家，離得愈來愈遠。我住在布魯克林，她住在曼哈頓，連接兩區的那座橋似乎象徵我和她後來的差距。

就算碰面，能聊的話題也變少了，因為我們之間的共通點所剩不多。共有的過往與回憶像一條細線，維繫著這段顯然脆弱不堪的友誼。儘管我不想承認，但其實我已經不確定自己還喜不喜歡羅珊。

她依然風趣、溫暖，散發我喜歡的活力，可是這股活力藏著陰暗的一面。她跟我敬而遠之的那種男人上床。她一整個晚上不睡覺，然後白天睡一整天。她的公寓到處是伏特加空瓶、逾期繳費通知與年輕歲月的荒唐習慣，我覺得我們都不應該繼續這樣過日子。

我懷念以前跟她一起在中央公園共度週日，喝葡萄酒，吃昂貴乳酪，沉浸在搬到新城市的興奮裡。我們那麼快樂、吃得那麼飽、有那麼多好玩的事情使我們忘卻隔天是週一。

我記不清有多少次，我在羅珊的床上宿醉醒來，覺得自己很……憂鬱？我在這裡做什麼？她的公寓為什麼髒成這樣？沙發上睡覺的那個男的是誰？我躺回她的床上，拉起被子遮住雙眼。我不能這樣度過週日。我的身心都需要安全感。我必須活在陽光下，而不是活在這個黑暗的洞穴裡。我不能繼續把週六浪費在我隔天完全想不起的事情上。

「我的老天，蘿倫。你沒有毛病，只是宿醉而已啦！」每次我搖醒羅珊，告訴她我們必須振作起來，還有我真的很心慌的時候，她都會回我這一句。

你沒有毛病，只是宿醉而已。我走下聯合廣場站碎裂的棕石階梯時，這句話在我耳邊迴盪。很直接，也很有效。我不是憂鬱。我沒有毛病。我只是缺水、疲憊又宿醉而已。

我們的友誼還是斷了，可是羅珊種在我心中的觀念依然存在。每次晚上出去玩，隔天早上起床覺得很悲慘或很焦慮時，我都會複誦這句話。宿醉的痛苦提醒我，是虛弱的精神狀態扭曲了我對世界的詮釋，其實這世界還是原本的樣貌。

這次週日恐慌特別難受，我心想不如試試這一招：用週日的焦慮提醒自己其實我沒有毛病，只是想到新的一週有點緊張。「冷靜點。你沒有毛病，只是星期天而已，」我告訴自己。

這招沒用。恐慌的感覺依然存在。我喪失動力，於是又花了一整天看重播的實境節目《真實世界：坎昆》（*The Real World: Cancun*）。

我沒想到的是，其實我可以用一句話改變週日犯恐慌的情形。只要改變用字遣詞就行了。事情發生在幾個星期後，我正在向心理治療師哀嘆我對即將到來的出差有多緊張。

「你很緊張嗎？」她問。「還是很期待？」

「很緊張，」我說。

「如果你試試告訴自己你很期待，會怎麼樣？」

「說不定，」她繼續說道，「你可以哄騙大腦，讓它相信這種緊張是好的緊張？」

「好啊，」我說，「我不緊張，我很期待。」這句話才剛說出口，我立刻覺得好多了。胃部的糾結感沒有剛才嚴重，長途跋涉好像也不是那麼糟糕的事。她說焦慮重新評估（anxiety reappraisal）是一種認知技巧，背後的概念是措詞能夠激發情緒。如同歌曲和氣味，詞語同樣帶著記憶和聯想。「期待」所激發的情緒和「焦慮」所激發的不一樣。我之所以對週日感到焦慮，是因為我一直用「恐慌」形容週日。若想改變這種感受，我可以改變我描述週日的方式。

於是週日到來，我焦慮地坐在沙發上，滿腦子都是工作郵件和老闆在週五酒吧優惠時段跟我說的那件事。我一邊想著自己有多焦慮，一邊告訴自己冷靜下來。

很多人都想用冷靜取代焦慮。這是沒有用的，因為冷靜不是情緒，無法被激發。而期待跟焦慮一樣，都會激發情緒。它會使心跳加速，皮質醇上升，讓身心蓄勢待發。差別是期待會激發正面情緒，而焦慮會激發負面情緒。

哈佛商學院教授艾莉森·伍德·布魯克斯（Alison Wood Brooks）說，情緒受到激發時，從負面狀態變成平靜狀態需要花費的力氣，超過從負面狀態變成正面狀態。情緒化的女性最了解這一點。大喜轉大悲（或大悲轉大喜）要比從任何情緒「冷靜下來」更加容易。冷靜不是我們的強項。

為了闡述這個觀念，布魯克斯做了一系列實驗。其中一項實驗請受試者在群體面前唱旅程樂團（Journey）的歌〈信念不墜〉（Don't Stop Believin'）。他們請受試者在唱歌前，分別說出「我很期待」、「我很緊張」以及什麼也不說。以電腦量測到的音量與音準來說，期待組受試者唱得最好。若把唱歌改成兩分鐘演講，也得到相同實驗結果。期待組受試者演講的時間比較長，看起來也更有說服力、更有自信，而且更加堅定。

行銷學教授朱利安諾・拉蘭（Juliano Laram）與克里斯・亞尼雪夫斯基（Chris Janiszewski）以自我耗損為主題做過類似研究，目的是了解自制力與自我耗損對行為的影響。他們發現，我們對工作相關任務的看法，與耗損的程度之間存在著關聯。如果我們認為一項任務很有趣，不但會花更多時間處理它，做這件事的耗損感也比較輕微。

用「我很期待」取代「冷靜下來」

用「我有機會做」取代「我不想做」

用「我很興奮」取代「我很害怕」

除了剔除從早到晚的選擇數量，我還發現，面對那些無可避免的選擇時，我可以改變心態。我可以停止害怕那些非做不可的事，告訴自己「我有機會」做這些事。做這些事之所以耗損意志力，是因為我認為它們會耗損意志力。高壓的情況之所嚇人，是因為我覺得它們很可怕。週一很恐怖，是因為我把它想得很恐怖。

你的生活方式，取決於你怎麼思考事情。心智可以很堅強，也可以很脆弱，我們可以善用心智容易受影響的這個特性。我們可以騙自己相信心跳加速、手心冒汗、腎上腺素飆升不是因為焦慮，而是因為期待。就像變魔術一樣，我們也可以用儀式與小技巧，把自己拉出耗損狀態。工作的反面是玩樂，如果能在生活中增加玩樂，不要把每封電子郵件、每個障礙、每個問題看得那麼嚴重，或許就能朝「冷靜」邁出第一步。

轉念之後

愛自己不是自我放縱，而是自我保護。

——奧德蕾．洛德（Audre Lorde），《光芒乍現》（*A Burst of Light*）

喜悅曲線的起點是難以忍受的痛。

——茱娜．巴恩斯（Djuna Barnes），《夜林》（*Nightwood*）

做了，反悔，然後重做。

——路易絲．布爾喬亞（Louise Bourgeois），法國藝術家

CHAPTER

4

友誼：難以拿捏的人際界線

The Mood: Friends

症狀包括：孤獨、偏執，

對於自己發出的簡訊對方是否「已讀」異常執著。

聽聽別人的經驗談

我此時渴望的不是愛情，不是浪漫，也不是另一個人走入我的生命，而是對話。對話難尋。

——加拿大作家梅維絲．賈倫特（Mavis Gallant），〈流亡的種類〉（Varieties of Exile）

我既需要他人卻又害怕他人，簡直要累壞了。

——蘇格蘭作家珍妮絲．加洛韋（Janice Galloway），《訣竅在於保持呼吸》（*The Trick Is to Keep Breathing*）

有時候，我覺得交朋友毫無用處。他們在你的人生裡待了一會兒就走，留下的傷害比他們出現之前的空虛更加難熬。

——加拿大作家露西．M．蒙哥馬利（Lucy Maud Montgomery），《安妮的青春》（*Anne of Avonlea*）〔1〕

1 譯註：《安妮的青春》繁體中文版由布拉格文創社翻譯出版。

我等了好幾個星期。那個週六早上終於送到了，當時我一個人在家。我沒有立刻下樓取件，因為我穿著寬鬆運動長褲，頭髮也沒洗，領這種包裹好像不應該如此邋塌。一小時後我悠閒穿過走廊，走進這棟公寓明亮的大廳，向管理員湯瑪士取件。箱子又大又重，我抱著它走回家時，心中小鹿亂撞猶如即將要去相親。

我家的大理石流理台很大，我把箱子放上去，找來剪刀劃開膠帶。箱子裡還有一個箱子，顏色是看起來很高貴的深藍色。我拉開箱子上的白色緞帶，打開蓋子，拿起套著防塵罩的婚紗。防塵罩上黏著一個信封。為了延長這個經驗，我帶著小孩子來到耶誕樹下打開耶誕襪的心情，慎重打開這個信封。裡面有一張白色小卡片，用粉紅色的草寫字寫著：送上您美麗的訂製婚紗，恭喜您。使用說明如下：

一、穿上婚紗之前，請先卸妝。

二、有些扣子自己扣不到，務必請朋友幫忙。

我盯著這幾個字看了很久，直到視線模糊，字體變成無意義的圖案。接著我把套著防塵罩的婚紗從箱子裡拿出來，走到衣櫃前，將它掛在衣櫃的最裡面，旁邊掛著我一次都沒穿過的洋裝和沾到汗漬的毛衣。我連防塵罩的拉鍊都沒有拉開。我不想看見這件婚紗。如果看到，我可能會吐。我討厭它。這件婚紗長什麼樣子都無所謂，我只想離它遠遠的。

此事真的出乎我意料。我完全沒想到收到婚紗後，會需要別人來幫忙穿上。我猜我多少有意識到這一點，畢竟我是在網路上自己設計婚紗，而不是像一些新娘那樣，帶著一眾親朋好友去挑選。我早該知道舉辦婚禮一定會讓我陷入這種壞心情。因為這張卡片不是壞心情的起因，只是一個刺激。這種壞心情早已醞釀多年，可能從國中就已開始，或是高中。但肯定與羅珊有關，或者該說與我跟羅珊絕裂有關。我們當了八年朋友，最後友情以兩則非常幼稚、非常不客氣的簡訊畫下句點。每次想到這件事，我都極為難受。這兩句話確實很幼稚，但我們以前吵過架，也曾對彼此說過惡毒的話，而且最後都會和好。可是這兩則簡訊已經躺在手機裡三年了，我們兩個都沒有勇氣打破僵局。

「別再跟我說話。」

「別擔心，我不會。」

在那個溫暖潮濕的夏日早晨收到婚紗之前，我一直覺得自己沒事。我有未婚夫、同事、家人、交情一般的朋友。多少個夜晚，我提醒自己這是我想要的結局。我跟羅珊在上東城合租公寓時，我一直渴望獨處。回到家裡，打開燈，倒一杯葡萄酒，坐在客廳看電視，蓋著毯子窩在沙發上，舒舒服服。可是我每次回到家只能躲進沒有窗戶的房間，關上門，空氣悶得令人窒息，在黑暗中用筆電看影片。因為羅珊一定會回來。我會聽見她醉醺醺掏鑰匙的聲音，鑰匙摸索著插進鎖孔的聲音，或是聽見她帶著男生或同事走進家門，高跟鞋在亞麻地板上篤篤作響。雖然我身上穿著袍子或運動長褲，卻依然有種沒穿衣服的感覺。

現在我擁有過去渴望的一切。男友、公寓、訂婚，這些我輕鬆擁有的東西，也是許多人的渴望。但是，跟羅珊絕交三年後的現在，我也渴望別人擁有的友情。我想做那些每個女人都做、如果不做就不算女人的事情：跟朋友一起吃早午餐跟晚餐、開聊天群組。每次跟朋友出去我都想找到那種默契，卻總是感覺很勉強，或是很虛假。我帶著焦慮感回到家，用力分析她們說的每一個字、傳的每一則簡訊和每一次沉默。我愈常跟朋友出去，就愈發覺得疲累，也愈像個邊緣人。

我沒想過自己的人生會變成這樣。我以為我結婚會有好多伴娘和一位女儐相，還有成群的老朋友。我犯下無法挽回的人生錯誤，而這場婚禮就是證據。這場婚禮證明我是一個不值得愛的人。沒人想跟我當朋友。

我失去年輕時的那種自信。就像剛剛跟男友撕破臉分手的女人一樣，我變得很偏執，很缺乏安全感。跟羅珊吵完最後一架之後，我主動疏遠了我們共同的朋友，因為我覺得他們認識得比較久或是比較熟，所以他們當然會站在她那邊。至於人生其他階段的友誼：高中、西班牙旅行、營隊、工作，感覺都像手裡握著一條鬆垮垮的繩子，無論我怎麼用力拉，這條繩子就是拉不緊。

這三年來，我變得尖酸刻薄、暴躁易怒、心灰意冷。我以為隨著年紀增長，我會變得更長袖善舞一些，豈知恰恰相反。我很孤單。這巨大的孤單，我時時刻刻都感受得到。我覺得它一直在嘲笑我：電視上、上班途中、在轉角咖啡館吃早餐的幾個女孩。最難熬的是我覺得很丟臉。我都快三十歲了，不該是積極交新朋友的年紀。到了這個年紀，大家都在當朋友的伴娘或朋友孩子的教母，藉此加深友情。我好像錯過了機會。我把所有籌碼都押在羅珊身上，然後一把輸光。

那一刻，我很慶幸傑伊正在出差。慶幸家裡只有我一個人，我可以盡情悲傷。我需要空間哀悼，需要空間深入挖掘自己的內心。我整晚偷看羅珊的ＩＧ，狂看影集

《同妻俱樂部》（*Grace and Frankie*），對收到的簡訊視而不見。我沒有心情約前同事喝酒，只想把自己隔絕起來，感受徹底的孤獨。

壞心情要告訴你的事

我想把這種壞心情怪在羅珊頭上，怪在紐約頭上，怪在工作頭上。我告訴自己，反正我喜歡獨處，沒有時間交朋友。可是，我的感受與這句話的真實性正好相反。事實上，過去的朋友發的每一則ＩＧ貼文，都像一拳狠狠打在我的肚子上。每一場沒有受邀的聚會，都像針對我的個人攻擊。我愈退縮，就會花愈多時間憎惡自己，或是在滑完臉書後陷入憤怒。

但是我不能再退縮了。婚禮逼我走出自己親手打造的封閉泡泡，面對現實。這種壞心情我逃避了好幾年，現在不得不處理它。終點線已隱約出現在前方，我只能勇敢跨越，或是在抵達之前徹底崩潰。跟婚禮有關的每一件事都會激起壞心情。去拿做捧花的花時，我想到沒人可以幫我拿捧花。挑鞋子的時候，我想到沒人可以幫我扣鞋帶。

瀏覽 Pinterest 參考髮型時，我想起我沒有朋友可以討論。

收到婚紗幾週後，家人幫我辦了一場準新娘驚喜派對。我媽知道我不想辦準新娘派對，所以這場非正式的派對規模很小，而且賓客送的不是傳統的結婚禮物，我媽請大家帶一本自己最喜歡的書。派對結束後，已經喝醉的我為了自己沒有朋友哭得很傷心。隔天早上，我在爸媽家的餐桌上拆開一整疊包裝好的書。其中一本的封面是桃紅色，上頭用白色字體寫著：《女性新心理學》（*A New Psychology of Women*）〔2〕。我時時在為「女人說」尋找有趣的內容，所以直接拿了這本書回房間看。結果，我沒在書裡找到適合「女人說」的東西，反而找到能夠解釋我這幾週為什麼如此痛苦的答案。

作者珍．貝克．米勒（Jean Baker Miller）是精神科醫師，也是精神分析師，她對女性的人際關係見解獨到，提出**女性自我意識的核心，是建立與維持人際關係的能力**；對許多女性來說，這些情感連結一旦中斷，她們不只是失去一段關係，更像是失去全部的自我。

一句話道盡我的感受。失去。孤絕。空虛。我好像缺了很重要的一部分，又好像快要完全自絕於世，永遠不被允許回到原本的世界。其實我不用看這本書也知道，女性的自我認同是友情形塑而成的。女性需要緊密的情感連結才有安全感，才能感受到他人的支持。我需要一本書來告訴我，如果覺得自己並未擁有這些友情該怎麼辦？你曾經以為情誼可維持一輩子的朋友結婚生子、搬家遠離，友情慢慢變淡之後該怎麼辦？高中時信誓旦旦要當永遠的好朋友，可是朋友變了，無論你們聚餐多少次，雙方的差異都令你難以忍受。親密的工作搭檔離職後不再跟你聯絡，你只能在ＩＧ上偷偷追蹤她，你不禁懷疑以前你們的情誼是真心的嗎？

米勒醫生說，友情的變化與失去都會讓人受傷。這種疼痛無異於分手或燙傷的疼痛。大腦會將他人的排斥詮釋為身體上的疼痛。當我們感覺到別人討厭或排擠我們時（就算對方只是陌生人），大腦會啟動處理身體受傷的神經迴路。這是人類祖先留下的演化模式，他們的安危仰賴人際關係，因此面對有可能被社會棄絕的情況時，大腦會自動啟動戰或逃反應。儘管人類的社會結構早已改變，但是這種反應並未消失。有進一步的研究發現，兒童在主動交友時遭到拒絕時，會在處理情緒的杏仁核留下紀錄，於是在成長過程中，對情感連結的渴望會跟遭到拒絕聯想在一起。

這樣的時刻在我們的內心深處留下碎片。加上經年累月的背叛、人間蒸發和拒

2 譯註：《女性新心理學》繁體中文版由女書文化於一九九七年出版。

絕，我們對世界的認知會愈來愈扭曲。看見朋友聚會，或是收到看不懂的簡訊時，我們會用負面、而且經常是錯誤的解讀來處理。我們認定朋友聚會沒找我們，是因為不喜歡我們。他們沒有邀請我們。他們不想再跟我們當朋友。我們覺得那則簡訊很無禮或是很古怪，是因為他們沒有勇氣說出真心話。我們相信自己的錯誤詮釋，然後做出相應的行為。我們在朋友切斷聯繫前搶先切斷聯繫。我們不再傳簡訊給對方。我們孤立自己，把自己懼怕不已的情況化為現實。

這些年，我一直根據錯誤的詮釋採取行動。跟羅珊絕交後，我和僅剩的幾個朋友也漸行漸遠。只要有共同朋友發一張跟羅珊的合照（我們是大學同學，共同朋友很多），我就會覺得他們是故意針對我、排擠我，他們選了跟誰當朋友再明顯不過。我把羅珊帶給我的傷害投射到他們身上。我不再傳簡訊給他們，因為怕他們不會回訊。我不再按讚他們的照片，因為怕他們不來我的照片按讚。所以到最後我也沒有邀請他們來參加婚禮，因為怕他們不願意來。我不邀請他們，就是把我所害怕的錯誤詮釋化為現實。我根據錯誤的想法採取行動，於是我的行動實現了這些想法。

心理學把這種自我實現的預言稱為「接納預言」（acceptance prophecy）。這種現象說的是如果一個人預期別人會接納自己，他的行為舉止會很親切，於是大家會自然而然接納他。反之如果他預期別人會排斥他，他的行為舉止會很冷漠，最終難以獲得接納。我們用信念形塑現實，用行動將信念化虛為實。

但真實的人生不是心理學實驗。我們收不到對方是否喜歡自己的反饋，只能根據蛛絲馬跡擅自判斷。大部分的線索都是自我價值的投射。負面的自我價值產生負面投射，就好比我對那張白色小卡片的投射。我的焦慮、羞恥、恐懼都來自缺乏安全感，但我卻把這些感受投射到生活的方方面面。每件事都是傷害。每件事都像是衝著我來。每件事都是負面的，因為我是負面的。

這張白色小卡片既是刺激，也是當頭棒喝。因為我嘴上說不想辦婚禮，其實暗地裡很想。我刻意創造這一刻，是因為需要有人推我一把。如果我能戰勝自己建構的負面認知，如果我能改變這些習慣與投射，或許就能掙脫這種壞情緒與隨之而來的孤絕。我改變了我對自己的看法，看事情的角度也改變了。改變負面認知使我的人生豁然開朗，這是我始料未及的。

找到你的能量流動

生命中最重要的人際關係，是你和你自己的關係。

——黛安・馮・佛斯坦堡，時裝設計師

米勒醫生說，痛苦的情緒一定源自情感連結中斷，包括與他人、與自我以及與大團體的情感連結。我覺得自己三種全包。想要恢復這三種情感連結，似乎從自我下手最好。因為這段時間以來（是三年或十三年並不重要），我不知不覺變得對自己很不滿意，進而對自身人際關係也不滿意。我變得非常沒安全感、非常孤獨，無法判斷我跟任何人的遠近親疏，遑論判斷我跟自己的關係。我發現問題不在於：**我想要怎樣的朋友？**而是：**我是怎樣的朋友？**

我以為自己是很好的朋友。我可以風趣幽默。我很守時，很尊重朋友，而且盡量不取消約定。但我也知道自己容易喝得太多，脾氣不好，尖酸刻薄，有時候愛亂講八卦。好吧，是超愛亂講八卦。我自己也不知道我為什麼要這樣。比如說，在西村的酒吧那次。一個高中時期的老友突然傳簡訊約我喝一杯。兩杯白酒下肚後，我們跟鄰座的兩個男生聊了起來，發現彼此有共同的朋友。明確地說，是我跟那個比較高、髮色比較金黃的男生有個共同的朋友，也是個作家。我看過這位作家朋友的書，覺得很好看。但是這個男生問我對這本書的看法時，我語氣輕蔑的說：「沒那麼好看。」

「是嗎？我覺得很不錯，」他說。

「可能對她自己來說是吧，」話一出口，我立刻感到後悔。

結果就是接下來兩週，我天天逼問傑伊那位作家朋友會不會發現我說了這種話。「擔心也沒用，」他說，「早知如此，何必當初？」因為我沒有安全感。因為我認為自己不是個優秀的作家，所以我必須把對失敗的恐懼投射在別人身上。因為我缺乏自制力。

我告訴他，我不知道。但我知道我不喜歡這樣的自己。我也知道現在我跟這位作家朋友成為好友的機會又更小了。我在友誼還沒開始前就親手掐斷它，還讓酒吧裡的那兩個男生與我的高中老友看見連我自己都不喜歡的那一面。

我把缺乏安全感投射在別人身上，假裝自己接受不了別人，其實我接受不了的是自己。美國作家露易絲・賀（Louise Hay）說過：「我們愈是愛自己，就愈不容易把痛苦投射到別人身上。」我把內心深處的痛苦向外投射而不自知。缺乏安全感像一副盔甲，我時時把盔甲穿在身上，把自己搞得不舒服、不自在、不好相處。我知道現在的我沒有以前風趣，比如高中和大學時期。現在我每次跟朋友出去，都覺得自己在強顏歡笑。彷彿眼前的現實、這場派對、真正的歡樂發生在某個平行宇宙，我得喝四、五杯酒才能到達那個地方。我需要酒精才能感到自在，才能找回以前的感覺，才能打破我和別人之間的高牆。

跟我在一起很無聊，所以我也覺得別人很無聊。我被困在一個迴圈裡。我因為被排擠而感到痛苦，於是我投射出負面能量，然後這股能量又反射回自己身上，被我詮釋一番後，那種被排擠的感覺變得更加深刻。我們釋放到這世上的能量，終將會回到我們身上。這是真的。我知道這是真的，因為每次我踏出家門只會發生兩種情況二選一：全世界都支持我，或是全世界都跟我作對。有時候，紐約很美妙，整座城市朝氣蓬勃，斑馬線上的每一個行人、酒吧裡的每一位客人，都可能成為你的新朋友、都是有故事的陌生人。我還記得自己之所以來到這個八百萬人的大都市，就是為了這股能量。可是，有時候紐約與我為敵。門口警衛用奇怪的眼神看我，陌生人粗魯無禮，酒吧裡的客人很冷漠。但紐約不會帶著壞心情起床。八百萬居民不會突然決定今天要當好人，明天要當壞人。這座城市的好壞，只不過反映了我的心境。

行為研究者凡妮莎・范・愛德華茲（Vanessa Van Edwards）研究人類情緒與行為很多

年，她發現情緒有感染力。我們從別人身上感染到的情緒，會使我們喜歡對方，或是討厭對方。**對方的反應創造出我們感受到的能量。**愛德華茲說：「無論我們願不願意承認，我們認識一個人短短幾秒內，就已經決定自己是否喜歡、信任對方，想不想跟對方發展情誼。」

傑伊就經常被我感染，他會因為我心情不好而陷入壞心情。愛德華茲發現，真笑、假笑、恐懼、壓力和焦慮等微表情，會讓對方產生相同感受。即使我們以為自己把情緒藏得很好，但這些細微的表情不會騙人。所以我媽若用某一種語氣接電話，我一聽就很緊張。老闆的表情只要微微一變，我就會疑神疑鬼。我踏進家門時假裝心情很好，但總是騙不了傑伊。

當然，你不可能時時刻刻都開心，這是不切實際的目標。我們的目標應該是時時刻刻都要愛自己。愛自己跟開心不一樣，開心只是一瞬。但是愛自己跟開心也有共同點，那就是都會吸引和散發好的能量。說起來有點老掉牙，但是愛自己就是少一點自我批判，少一點過度分析，少一點負面的自言自語。這就是佛教所說的「慈」(maitri)，也就是四梵住之一[3]，可解釋為「友愛」或「親切」的意思。一個人若能好好修行「慈」，就能學會接受自我，最後以「捨」的狀態在世界來去自如。藏傳佛教比丘尼佩瑪・丘卓說：「我們沒有為他人打開心靈與心智，只有一個原因，那就是對方在我們內心引發困惑，而我們沒有足夠的勇氣或理智去處理這種困惑。唯有先清晰且慈悲地凝視自己，才能充滿信心、毫無畏懼地與對方四目對望。」

對許多人來說，愛自己沒那麼簡單，因為我們的自動化思考（automatic thoughts）會占上風。自動化思考是負面事件發生後立即出現的想法。很多時候，自動化思考是受到扭曲的。這些扭曲的想法出現得很快，快到我們幾乎無法察覺，更不用說提出質疑。這些想法是壞心情的罪魁禍首。其實每個事件都不過是我們對事件的「看法」。只要換個思維，扭轉自動化思考，就能改變我們對周遭世界的觀點，從而改變我們的行為模式。

五大類扭曲想法

✓ 一定是這樣：用一點點線索推導出結論。

老闆看起來心情不好，你自動認為一定是因為你做錯了什麼。

✓ **應該**：看見差異就比較。
朋友很風趣，所以你也應該風趣一點。

✓ **以偏概全**：把獨立事件詮釋為常態。
因為你跟某人絕交，所以再也不會有人想跟你當朋友。

✓ **都是因為我**：明明事不關己，卻對號入座。
念大學的女兒休學，這件事反映出你是不是個好家長。

✓ **把情緒當成事實**：感覺如此，所以必定是如此。
你感到焦慮，這背後必定有原因。肯定是你做錯了什麼。

3 譯註：四梵住指慈、善、悲、捨，又稱四無量心。

意識到扭曲想法的存在，是糾正這些想法的第一步。經由練習，我可以特別留意這些想法，在思緒發展愈趨扭曲時改變它的走向。我批判自己這麼多年，當然不可能一夕之間突然學會愛自己。但只要每次糾正一個扭曲的想法，我就能感受到自己又成長了一些。不過真正的能量流動改變，發生在我學會用一種東西取代扭曲想法後；這是一種我從沒想過要給自己的東西：愛。我以前不知道愛自己也需要積極練習，跟養成任何新習慣沒兩樣。如同我大部分的人生啟發，這件事我是從一個穿著緊身衣的陌生人身上學到的。

或許我不該說他是陌生人。他是春分健身房（Equinox）的流瑜珈教練。當時我們感覺已經做了十五分鐘的下犬式，我的手臂痠痛到微微顫抖，我偷瞄四周看看有沒有人已換成嬰兒式，這時黑暗中傳來教練的聲音。那個輕柔的聲音要求我們「忍住痛苦。找到最舒服的平衡點。」換到下一個較舒服的動作後，他說他之前在一堂瑜珈課上注意到有個學生總是跟不上。他看得出她很沮喪，上課也無法投入，所以下課時特意叫住她，想問問她哪裡有問題。她說她這個星期工作不太順，想放鬆一下才來上瑜珈課，結果好多動作都做不到，反而壓力更大。教練說不只是她，很多人在做瑜珈時會感到受挫，不是因為不熟練或不夠柔軟，而是因為我們跟自己對話的方式。

從小到大，我們漸漸習慣在碰到無能為力的情況時，用負面的方式跟自己對話。我們對自己很嚴苛，甚至很粗暴。負面情緒不只從我們身上向外滲出，還會穿透我們，阻止我們充分發揮潛力。我們做不到某些瑜珈動作，或是練習無法更上一層樓，都是因為負面情緒的關係。我們告訴自己：你做不到，然後又因此批判自己。

教練要我們上這堂課的時候，練習用不一樣的方式跟自己對話。碰到做不來的動作時（觸碰腳趾、保持不動等等），不要責備自己，而是找到**最舒服的平衡點**：一個慈悲與愛自己的時刻。他說最舒服的平衡點，就是接受自己現在的狀態，接受自己在對抗什麼，然後要求自己再多做一點點，忍住疼痛再久一點點。手臂撐不住或雙腿發抖時，與其鬧脾氣或憤怒，不如接受身體正在做一件美好的事，然後心懷感謝地請它再多做那麼一點點。我們會在自己給自己的感謝與愛之中，找到更多能量、更多力量，哪怕只是多一滴滴。改變與自己對話和鼓勵自己的方式，能使你流動起來。

在瑜珈以外的地方，最舒服的平衡點指的是在你想要批判自己、監控自己的時候，忍住，然後順從自己。就像那次開視訊會議之前我非常緊張，由我負責跟客戶討論，但我老闆也會上線。我一直很討厭這類型的會議。我應該搞笑一點？還是嚴肅一點？我想到自己最舒服的平衡點，然後決定本色出演：想到什麼就說什麼，不要抗拒。直接表達想法，不批判自己。不要過度思考自己該說什麼。尊重參加視訊會議、認真工作的自己，尊重自己的能力。開會的感覺沒什麼不一樣，但是那些焦慮、沉重、壓力都消失了。會議結束後，老闆傳簡訊稱讚我：「做得好！」接著她做了一件她從來不做的事：跟我閒聊。她問了我的婚禮、婚紗、宴客日期，我沒有想太多就直接回答。最後我發現只要用真實的面貌應對，就無須擔心自己能否獲得認同，因為我早已認同自己。

拒絕不等於討厭

我們不敢太在乎，因為我們怕對方根本不在乎。

——愛蓮娜・羅斯福（Eleanor Roosevelt），美國前第一夫人

收到那張白色小卡片後，我告訴自己一定要付出更多努力。我告訴自己雖然不一定能再次交到好朋友，但是我可以跟原本不太熟的朋友混熟一點。露西就是這樣的朋

友，我們高中畢業後一度失去聯絡，但現在偶爾會碰面，因為我們都住在紐約。我參加過她在皇冠高地區（Crown Heights）的生日派對，去那裡搭一趟優步（Uber）要三十美元。我跟她一起去時報廣場看過戲，也曾下班後跟她一起去喝酒，其中兩次還是冒著大雨。五個月前她搬去內華達州，我甚至跟她聊過電話。

有次她在電話上說，她可以來參加我的婚禮。她剛好會過來，因為那一週她表妹要生孩子。我沒問她如果表妹不生孩子的話，她是否還會來參加我的婚禮。接著她說她最近跟泰妲聊過，泰妲也住在紐約，是我們的高中同學。我跟她們都不太熟，但是她們兩個感情很好。「泰妲好嗎？」我問。

「很好。她升職了，」她說。

「太棒了！」我說，「我應該跟她連絡，恭喜她一下。」

我想傳個簡訊給泰妲，但自從露西搬走後，我跟泰妲就沒那麼常聯繫了。雖然泰妲跟我認識比較久，但是少了露西居中安排聚會，我跟她也漸行漸遠。我上次跟泰妲聊天大概是三個月前，她傳簡訊問我要不要找天晚上聚聚。最後沒約成，因為她忙著出差，日期一直定不下來。我沒有主動安排，因為我覺得她很忙。不是因為我不想常常見到泰妲，事實正好相反。我覺得我們不常見面，是因為她總是忙著跟其他朋友聚會。美國作家米格儂・麥克拉夫林（Mignon McLaughlin）說過一段話，把泰妲這樣的人描述得淋漓盡致：「偶爾你會碰到魅力四射的人，他們真心喜愛你，所以你很高興，直到你發現他們幾乎真心喜愛每一個人——而這正是他們魅力四射的原因。」

泰妲是那種朋友滿天下的人。成群的大學同學、營隊朋友、工作上的熟人。在湖邊、山區、海灘有度假屋的朋友。我好像很難跟泰妲維持友誼。她已經有自己的朋友圈，沒有時間可以分給我。等露西來紐約再一起約泰妲還比較容易。正因如此，跟露西聊完電話幾週後，我在IG碰巧滑到她們兩個的合照時，像被狠狠揍了一拳。她們在一家酒吧喝艾普羅氣泡酒（Aperol spritz），而那家酒吧跟我家在同一條路上。

露西為什麼沒告訴我她要來紐約？她跟泰妲碰面為什麼沒約我？我邀請她們兩人來參加我的婚禮，難道感情沒有好到可以跟她們一起喝酒？痛苦如浪潮將我淹沒。我走進客廳，傑伊坐在沙發上打電動，我跟他說話時，他緊盯著電視沒看我。

「泰妲跟露西昨晚出去玩，」我的語氣像在對高階主管彙報令人不安的業務訊息。

「是喔？她們有約你嗎？」

「沒有。」我轉身走進臥室，刻意表現出厭煩或冷漠的態度，以免傑伊繼續找我聊這件事。因為淚水已經奪眶而出，我不想向傑伊承認，也不想向自己承認，我居然哭得像個朋友沒邀請她一起吃午餐的國中女生。我關上臥室房門，傑伊幸運地沒察覺到我洶湧奔騰的折磨與痛苦。我躲起來感受被朋友排擠的幾個心理階段，它們跟「悲傷的五個階段」有點類似。

首先，你覺得難以置信。

也許那張照片不是布魯克林。也許她們是在內華達州的某個奇怪小鎮。也許那個人不是露西。也許她只是重發了一張舊照片。

接著，是自怨自艾。

我就知道，她們不喜歡我。露西回紐約住一晚，但她沒有約我。她們自己約好了卻沒找我，因為我很噁心、很煩人、很難相處，我永遠交不到朋友。

然後，是憤怒。

她們到底有什麼毛病？我嘗試約泰妲好幾個月了。上個星期我們還傳了簡訊，她說她要出差。結果她跟露西在布魯克林碰面？她為什麼不約我？我做了什麼對不起她的事嗎？

我把自己搞得抓狂。我走回客廳，「我要傳簡訊給她們，」我說。傑伊仍然盯著電視，手裡不停按著Xbox搖桿上的按鈕。

「如果這樣你會開心一點，那就傳呀，」他說。

「好，」我走回臥室，關上門。

「嗨，泰妲，希望你不會覺得我的問題很奇怪，也希望你別嚇到，我只是想知道我們之間是不是有誤會？因為這幾個星期我一直嘗試約你，所以看到你前幾天跟露西碰面，我覺得很受傷。」

我死盯著這則草稿，大拇指在傳送鍵上游移不定。最後我放下電話，打算再多想想。我想搞清楚這些想法是否真的反映出現實，還是自動出現的扭曲想法。我再次拿起電話，想像要是我送出簡訊，泰妲會如何看待這個情況。我打開對話框，看著最後一次對話，試著從泰妲的眼睛理解情況。我們曾有三個月沒有聯絡，後來是她主動找我。她主動告訴我她週間要出差，但週末有空。但是我從來沒有主動約她。那三個月，我完全沒傳簡訊給她。我為什麼要認為泰妲應該把一切都安排好？我一直期待她主動找我說話，主動安排聚會，主動邀約我。可是，她已經完成她該做的部分了。我可以接著做我的部分。我應該安排聚會，但是我沒有。

我沒有傳這則簡訊，原因是那會讓我看起來像瘋子。我用負面的扭曲想法詮釋眼前的情況，這些想法既不正確，也沒有反映出泰妲的行為。我想起有次我告訴傑伊，我們的狗看起來很難過。

「牠不難過，牠只是在休息，」他說。

「不對，牠肯定很難過，」我說。

「牠怎麼會難過？牠只是躺在那裡放鬆而已。」

傑伊跟我看到同樣的畫面，但我詮釋的角度很負面。有研究發現，憂鬱症患者會將別人的表情詮釋為悲傷或苦惱，但其實那些只是不帶情緒的表情。這種現象稱為「負向偏誤」（negativity bias）。雖然我沒有憂鬱症，卻用同樣的角度看事情。差別是我將別人的行為詮釋為糟糕或邪惡，但其實那些行為不好也不壞。我將別人的回應、簡訊跟行為詮釋為有敵意，但其實對方只是做了自己想做的事，與我無關。如果他們不開心，就表示他們很傷心。如果他們沒有傳簡訊給我，就表示他們在生氣。如果他們沒有邀請我，就表示他們排擠我。

我想起英國旅行家芙瑞雅．史塔克（Freya Stark）說過：「人類很容易把別人的愛想成數量有限，而不是如同大海，儘管有時漲潮、有時退潮，但是愛一直都在。我相信沒有考慮到潮起潮落，是半數友誼破裂的原因。」

重點是期待。我期待別人是特定的樣子。我期待朋友說我會對他們說的話，做我會為他們做的事。如果他們沒這麼做，我就感覺自己遭到背叛。如果對方沒用正確的方式回應，我就認定背後有個惡劣的原因，然後否定他們。至少在他們採取適當行動前，我不會接受他們。可是，我不敢主動跨出第一步。但這次不一樣。這一次我決定不再退縮，勇敢面對。

我沒有把剛才的草稿傳給泰妲，而是重寫了一則簡訊。我問她下週有沒有空喝一杯。她親切回應，我們定下一個日期。我們沒有提到要不要約露西，因為這件事與她無關。這是我跟泰妲之間的事。我漸漸看清，我對別人的期待永遠無法反映出真正的他們。於是，我不再因為沒有受邀或別人的ＩＧ照片，而認為自己遭到排擠。

後來我得到更多資訊。幾週後我們一起吃晚餐時，我決定再勇敢一次。幾杯酒下肚後我告訴泰妲，幾週前我看到她跟露西碰面卻沒約我，感到有點受傷，因為我很想跟她倆聚一聚。「天啊！我完全沒想到會這樣。」她說她們根本沒約，那天是碰巧遇到。泰妲跟同事在那家酒吧參加歡送會，露西剛好跟當初在紐約的曖昧對象約會。「她那天喝得有點多，還告訴我她最近很寂寞，」泰妲說。

原來如此。我大錯特錯。錯得離譜，錯得可笑。表象與現實永遠有落差。這次的泰妲和露西事件是個警鐘，從現在開始，我必須重新評估自己的每一個論斷。我當下就決定，以後只要覺得自己遭到排擠，就要當它是提示我應該更加積極維繫友誼。

每個人都是怪咖

她意識到友誼都是這麼開始的：一個人吐露以前做過怪事，另一個人決定傾聽，而且不會利用自己聽到的內容。

——梅格．沃里茲（Meg Wolitzer），《興趣》（*The Interestings*）

脫口秀節目主持人瓊．瑞佛斯英國查爾斯王子是好友，這看似奇怪，卻又非常合理。瑞佛斯說他們不是同心圓最內圈的密友，應該算是第二圈。查爾斯以前每年耶誕節都會寄禮物給瑞佛斯。他送過她兩個一組的高級茶杯，而且不只一次。瑞佛斯維持一貫的幽默，有一年她寄謝卡時，附上一張她站在耶誕樹旁拿著兩個茶杯的照片，卡片上寫著：「我是**單身人士**，你怎麼可以寄兩個茶杯給我？」隔年她的謝卡附上兩個茶杯在墓園裡的照片，照片圖說是：「我正在和閨密一起喝茶！」

查爾斯從來沒對這兩張照片說過什麼。「他什麼都沒說！我們見面時，他從來沒說：『哈哈哈，太好笑了！』」所以瑞佛斯猜他可能不太高興，於是下一次寫謝卡時彬彬有禮，不再開茶杯的玩笑，也沒附上茶杯的照片。卡片寄出後，某日她巧遇一位她與查爾斯都認識的朋友，這位朋友說自己最近跟查爾斯碰過面，查爾斯說他非常期待瑞佛斯今年的謝卡會怎麼寫。

查爾斯為什麼不告訴瑞佛斯，他喜歡這兩張謝卡？或許是因為不好意思。或許是因為他是英國皇室成員，個性壓抑。或許因為他很笨拙。原因有無數種，但瑞佛斯只看見跟她自己有關的原因。為此，這位辛辣的喜劇女王檢討了自己。

這種事我做過多少次？有多少次，我因為害怕得不到正確的回應，就檢討了自己，或不敢暢所欲言？有多少次，我把沉默誤解為憤怒？有多少次，我因為對方的回應不如我預期，就暗自糾結？幾週後我的關鍵時刻，我的學習曲線，終於到來。

「嗨，蘿倫！你好嗎？？」

我忙著寫東西，沒看到這則簡訊。發簡訊的是一名大學老友，我們已經幾個月沒聯絡。其實我們最近極少聊天，以致我甚至懷疑彼此是否還算是朋友。她住在波士頓，極其偶爾來紐約時我們才會見面。她來訊幾個小時後，我才看到她的簡訊，那種感覺很像小孩子在動物園裡看海豚，卻錯過海豚躍出水面的那一刻。我趕緊回訊。「嗨！抱歉我剛才沒看到你的簡訊。我很好。你呢？」我還加了一句「波士頓一切都好？」

我想這樣應該就夠了。五個小時後她回我：「很好。」我等待著對方正在輸入訊息的小點點。我等待她丟出問題，或是說她要來紐約，告訴我她剛剛為什麼傳簡訊來。我等了五分鐘，沒有小點點。說不定她在忙。我決定再次提醒她，於是我回她：「太棒了！那其他方面呢？」三天過去了，我還是不知道她最初找我要幹嘛，因為她沒再回我。儘管是她主動找我，我還是感覺她討厭我了。整個週末我都在思考，她傳簡訊給我後，我過了三小時才回覆，她是不是在這三個小時裡發現我是個爛人，所以決定再也不想知道我過得怎麼樣。說不定她一開始就不是真心想要聯絡我。說不定我們的交情沒有我想的那麼好。說不定就像傑伊說的，她是個怪咖。

說不定她跟我的老同事卡爾森一樣。我們曾有三年沒講話，某日他突然傳訊恭喜我找到新工作，但我換工作已是兩年前的事。我回他：「謝謝，卡爾森！你好嗎？」但是他已讀不回，因為他也是個怪咖。

還有卡莉，我們約了個日子吃早午餐，後來取消改期，但她還是遲到了二十分鐘。

卡莉讓我覺得我只是次要的朋友，因為她回訊得很慢，好不容易約好了要見面，她也是毫不在乎地姍姍來遲。但事實上，那天她剛跟父母大吵一架。她覺得父母並不愛她，所以她在看一個一小時兩百美元的心理醫生，由於價格實在很貴，她不得不向雙親伸手要錢，這令她充滿罪惡感，於是又把罪惡感投射到父母身上。總之她是因為跟父母大吵一架，早午餐才遲到了二十分鐘。

我以前認為，卡爾森已讀不回跟卡莉跟我碰面愛遲到，都是因為我的緣故。我會糾結很多天，檢討自己是不是說了什麼或做了什麼，才導致他們這樣對我。但其實我早就應該明白並接受，他們的行為或許跟我毫無關係。他們可能只是為自己的人生所苦，像我一樣。他們忘了回訊不是因為討厭我，而是因為太忙、單純忘記或是沒看到——我自己有時候也會這樣。

早年好萊塢有很多有趣的小故事，演員黛比・雷諾（Debbie Reynolds）就說過貝蒂・戴維斯的一個趣事：「如果她不想跟你講電話，她會假扮成別人。想像一下！她用自己的聲音說：『戴維斯小姐不在，請問您是哪位？請稍等。』然後過了一會兒再回來，接起電話說：『喂？親愛的黛比，我剛才不確定自己在不在家。』」

如果我是戴維斯的朋友，她用自己的聲音清楚明白地告訴我她不方便講電話後，接下來的兩個星期我會狂鑽牛角尖。「她說不方便講電話是什麼意思？她為什麼不想跟我講話？她為什麼要假扮成別人？她以為我是笨蛋嗎？她是不是在耍我？」然後傑伊會把我拉出焦慮漩渦，非常理智而冷靜地告訴我：貝蒂．戴維斯是個怪咖。

我們不知道別人正在經歷什麼。這是真的。我們以為自己知道，他們或許會分享一、兩個細節，但其實我們真的不知道。我們永遠不會知道別人正默默面對著什麼。他們正扛著哪些問題、壓力、煩心的事，所以才有這樣的行為。溝通與人際關係專家黛博拉．坦南（Deborah Tannen）說，人類對話都是個人歷史的產物。我們說話的內容與方式，是我們與他人互動多年後，慢慢形成的個人風格。家人用怎樣的方式跟我們說話或表達情感，我們也會用同樣的方式。衝突就是這麼來的。我們以為自己知道對方在說什麼，其實我們聽見的，是已經用自己的濾網濾過一次的內容。

唯有明白我們經常錯誤詮釋他人的言語跟行為，才能停止對每一次人際互動感到焦慮，並開始享受與他人相處的過程。如果我能讓事情順其自然，如果我能理解並接受每個人都是古怪另類、獨一無二的怪咖，我的焦慮會減輕許多，也不會那麼擔心他們怎麼想我。當我不再對他們的言行或想法鑽牛角尖時，我可以投射更好的能量，發展更穩固的友誼。

我們都是怪咖

凱・湯普森（Kay Thompson）是童書〈艾洛絲系列〉的作者，她之所以想出這個人物，是因為每當她感到緊張或無聊，便會用四歲小孩的口吻說話。

演員塔魯拉・班克黑德（Tallulah Bankhead）叫每個人「親愛的」，是因為她不擅長記住人名。有一次她向人介紹自己的朋友叫馬丁尼，但其實這個朋友的名字是奧莉薇〔4〕。

曾有人問童書作家瑪格麗特・懷茲・布朗（Margaret Wise Brown）現在幾點，她回答：「你希望現在幾點？」

演員卡蘿・倫巴（Carole Lombard）每次到外地拍戲時，一定會為演員與工作人員至少舉辦一場比利時鬆餅派對，而且一定要用她的鬆餅烤盤。若有人問她的鬆餅用了哪些祕密配方，她會說玉米粉、檸檬瑞可塔、糖漬草莓大黃，但事實上她完全沒用這些材料。

放下對別人的期待，不管他們怎麼回應我都接受，這種感覺是如此輕鬆自在、豁然開朗。我在他們帶來的驚喜、啟發與提醒中知道，每個人都獨一無二，如此與眾不同卻也如此美好。法國哲學家西蒙・韋伊（Simone Weil）說，專注是最難得的慷慨之舉，但我愈來愈相信，接受才是最難得的慷慨之舉。不過，專注與接受說不定是同一件事。

「我懂你」其實就是「我接受你」。

做你不想做的事

洞察需要時間，就像交朋友一樣。

——喬治亞・歐姬芙

順其自然很好，但不能到袖手旁觀的程度，也就是放任大家為所欲為、口不擇言。

4 譯註：這位朋友叫 Olive，原意是橄欖，而橄欖是調製馬丁尼的原料。

儘管我奉行「船到橋頭自然直」這個原則，但是也知道要是每個人都用這種態度交朋友，友誼無法長久。友誼跟命運不一樣，友誼需要呵護。

我不擅長表達我對他人的在乎。我向來被動，不會主動付出。主動付出的人會發出邀約，規劃行程，發出第一則簡訊，噓寒問暖。我從來不做這些事，而是等別人來約。朋友聯絡我時，我會開心回覆。別人先付出，我才會付出。這是因為我習慣孤獨——太習慣孤獨。週六和週日落單我不只覺得無所謂，而且很習慣。幾年下來，我對孤獨由習慣變為麻木，最後變成上癮。我過得愈封閉，外面的世界就顯得愈可怕。我愈常待在家裡，跟真實的世界就愈格格不入。我的社交技巧變得生疏，而且由於太少使用，碰到該用的時候連找都找不到。

跟羅珊絕交後，我結交的新朋友主要是同事。這些友誼建立在以下共同的生活經驗上：我們有多討厭工作、老闆和其他同事。法蘭西絲跟我每天共事八小時，就這樣過了半年後，她約我在非上班時間碰面。我們去的第一間酒吧離公司不遠。結果這間酒吧不行，因為她不能吃含麩質的食物。「抱歉，我不知道，」我遺憾地說。

「其實嚴格說來我沒有對麩質過敏，但我知道就算沒有也快了，所以算是預防。」

「喔，那這間怎麼樣？」我問。

她翻了一下菜單。「這裡沒有可樂娜啤酒。我只能喝可樂娜。」

於是我們又換了一間酒吧。這種感覺跟我以前和羅珊泡吧不一樣。羅珊跟我雖然也會一間換過一間，但為的是找到氣氛最對味的酒吧。眼下的情況剛好相反，我們在找的是正確的菜單，氣氛什麼的都不重要。最後我們選定一家用普通日光燈照明的墨西哥餐館。我問她要不要吃塔可餅，她提醒我不行，她對麩質過敏。一小時後，辦公室八卦聊得差不多，工作上的挫折感也傾洩完畢，我們不得不尋找新的共同話題。我問法蘭西絲有沒有看過影集《王冠》（*The Crown*），她說她不看電視……也不看電影。她只看過《六人行》（*Friends*），因為這是唯一不會令她焦慮的影集。

回到家後，傑伊問我玩得開不開心。我說了法蘭西絲不愛看電視跟電影的事。

「那又怎麼樣？」他問。

「這樣我們要聊什麼啊？」我問。

「聊別的呀，」他說。

「我想不出有什麼話題可聊，」我說。

「可以聊聊你也容易感到焦慮？」他半開玩笑地說。但是我後來仔細一想，不禁覺得這個話題說不定真的值得聊聊。兩個同病相憐的人互相傾訴，說不定能加深彼此之間的感情。不過我離職後就跟法蘭西絲斷了聯絡，現在回想起來，我實在萬分後悔。當時我竟然那麼快就否定她，放棄一段有機會發展的友誼。我們在工作上合作愉快，但公事以外的事聊不太起來，我原本覺得不值得嘗試。我不知道有時候碰到這種情況，只要多努力一點就行了。有時候你得多跟對方相處一下，多約幾次，情況會慢慢好轉。有時候友誼不會像天然泉水一樣自動湧出。有時候友誼需要耐心、時間，而且你得做自己不想做的事。

這一切感覺太難了。過去我以為，不是像我和羅珊那樣自然發生的友誼，就不值得發展，無法成為朋友。可是，我和羅珊之間有什麼共同點嗎？儘管我們擁有類似的人生觀，但彼此間的差異更大，不是嗎？最後難道不正是這些相異，才使得我們的友情變淡？我們的友誼建立在過去——我們有共同的回憶，累積了多年的交情。我跟羅珊能成為朋友，不就證明了時間能讓兩個不一樣的人產生情誼嗎？

心理學理論「單純曝光效應」(mere-exposure effect)可以用來證明這一點。這個理論說，人類通常會喜歡熟悉的人。匹茲堡大學的心理學家針對這個現象做了實驗，他們讓四名女性假扮學生去上心理學課程。每位女性的上課次數不一，而且她們都沒有跟男同學互動。研究者拿這四位女性的照片給男學生看，他們都對較常在班上看見的女性較有好感。我們喜歡自己常看見的人。我們對一個人的認識愈深，就愈信任對方。而信任是友誼的基礎。

還有一項研究想觀察大學新生花多久時間結識新朋友，結果發現所需時間如下：

✓ 從相識到不熟：五十小時
✓ 從不熟到普通朋友：九十小時
✓ 從普通朋友到好朋友：超過兩百小時

關鍵在於一次又一次坦誠相待。我們要接受，友誼的誕生絕非一蹴可幾，你必須堅持到底、存異求同、慢慢了解對方，這個過程不一定總是那麼自然或容易。但只要付出夠多的努力與時間，你將會樂在其中。

• • •

距離我的婚禮還有一個月，我滑到一張老朋友的照片。凱拉、羅珊和我是大學時期的好友，我跟羅珊絕交後，跟凱拉也斷了聯絡。倒不是因為凱拉做了或說了什麼，而是因為我自己認定她和羅珊感情比較好，八成不想再跟我當朋友。我看到愈多她們兩個出去玩的合照，就愈相信一定是這樣。但現在我經歷了一番沉澱，花了好幾個月分析曾經擁有和失去的友誼，包括那些我誤解的蛛絲馬跡，以及我誤會的交談內容，這才終於明白凱拉可能從未選邊站。凱拉跟我之所以不再聯絡，只是因為我主動切斷聯繫。確實，她也可以主動找我啊，但或許她也跟我有相同的感受，認為我不想再跟她當朋友。或許她怕我會覺得尷尬。或許，我心想，這次我可以勇敢地採取主動。我深吸一口氣，然後發了一則簡訊給她。她迅速回訊。一週後，我們碰面喝酒，我向她道歉。我告訴她，這幾年我一直在自己騙自己，所以才沒有主動聯絡她。接著我拿出喜帖。我說我太晚邀她了，所以知道她不一定能來，但我真心希望她出席，因為我很珍惜這段友誼。她確實沒辦法參加，因為那個週末她已經答應參加另一場婚禮。如果是三年前，我會很受傷，但現在我已經不會當這是針對我。我不會心情低落好幾天，糾結著她是不是就算沒有別的安排，也不願接受我的邀請；我不會糾結著她所說的另一場婚禮是不是捏造的；不會糾結著她用這個藉口拒絕我，是不是為了故意刺傷我。我不會認為她討厭我。這輩子第一次，我看了清拒絕的本質。凱拉有事要忙，這跟她喜歡我或討厭我沒有關係。

我做的最後一個努力，是在距離婚禮還有兩天時，傳了簡訊給羅珊。當時我人在火車站，喝了兩杯啤酒，有點飄飄然。但是，我必須打破沉默。我必須抹除我們最後一次惡言相向留下的傷疤。

「嗨，我知道我們已經絕交，但我還是想告訴你，我很想你。我知道我應該向你道歉的事情很多，我願意用簡訊向你道歉，但我認為當面道歉會更有誠意。如果你願意跟我喝一杯，請跟我聯絡。」

她沒有回訊。就我記憶所及，這是我第一次沒有因這樣就憂心忡忡。三天後，她回訊了。她說她也很想我，而且她願意跟我喝一杯。

寫這段文字的此刻，我們還沒碰面。每次我去羅珊以前住過的社區，還是會不自覺尋找她的身影；我依然覺得每個朝我走來的嬌小金髮女子可能是她；我依然會像播放最喜歡的電影一樣，回憶跟她相處的點點滴滴。但是我們倆都沒有跨出下一步，因為我們內心深處都很清楚，這段感情已經變了。像談戀愛一樣，我們不可能回到過去。我跟羅珊不再是朋友，因為我們都已變成另一個人，這在朋友之間並不少見。再加上人際關係、新工作、新城市、生孩子等種種因素，我們之間早已隔著千山萬水。但是現在，至少藉由這則簡訊，我用新氣象趕走往日陰霾，這件事算是有了結局，我們都可以放下這段過去。更重要的是，我知道這段友誼不是因為我沒有能力主動付出而告終。我心中不再有疑問、不再鑽牛角尖、不再有負擔。我可以為這段友誼畫下句點，專心結交新的朋友。

轉念之後

有時候你會發現，最貼近內心的東西，也最能夠在人與人之間產生共鳴。

——葛麗絲．佩利

想到完全誤解別人有多麼容易，我不寒而慄：只看見別人的一小部分，就以為那是對方的全部。

——蘿倫．奧立佛（Lauren Oliver），《還有機會說再見》（*Before I Fall*）〔5〕

誠懇待人是關鍵，這是唯一的重點。

——安妮．塞克斯頓（Anne Sexton），美國詩人

5 譯註：《還有機會說再見》繁體中文版由尖端出版社翻譯出版。

CHAPTER 5

家庭：相愛相殺的一輩子冤家

The Mood: Family

症狀包括：批判、憤怒、失望，

為了烤火雞亂發脾氣。

聽聽別人的經驗談

有一種情況（或許只有這種情況）可能逼我殺人：切不斷的家族羈絆。

——派翠西亞・海史密斯（Patricia Highsmith），美國小說家

我們沒吵架。沒有任何問題。但我與我生長的地方之間，存在著受到莫名焦慮影響的強烈情緒。

——瓊・蒂蒂安，《浪蕩到伯利恆》

我認為有時候，當一個人拿出二流的行為舉止，例如我吃早餐時的模樣，他就會以一種類似自我毀滅的震撼，變成一個真正二流的人、做二流的事。彷彿只是為了給自己蓋上二流的戳章。

——艾莉森・盧里（Alison Lurie），《真實的人》（*Real People*）

時間是耶誕節，婚禮過後幾個月。照片已經印出來掛在牆上，謝卡已經寄出。我離家夠久，所以想到要跟家人團聚也有點興奮。從紐約到費城的九十分鐘車程中，我給自己打氣，說服自己相信今年一定有所不同。我年紀大了點、成熟了點，也知道哪些事會觸發情緒。今年不會有人暴怒、吵架、抱怨。我心想，今年耶誕節，會跟往年的耶誕節都不一樣。

我忘了回家就像爬山。山上空氣稀薄，人到了山上腦袋會變遲鈍，但感覺反而變敏銳。我忘了過去那些愛恨情仇與錯誤，以及我踩在腳下的暗潮洶湧。我忘了適應有多麼困難。

不過這次的開頭還算不錯。我順利撐完耶誕夜：晚餐、上教堂、往返車程。接著安然度過耶誕節早上、耶誕午餐。就在我覺得自己這次闖關成功，明天早上可以帶著與家人和平共處三天的紀錄上火車時，我破功了。

下午四點左右，太陽逐漸西下，大家開始輕鬆喝酒，音響流淌出麥可．布雷（Michael Bublé）的耶誕專輯，這時大門突然打開，一陣冰冷寒風吹進屋內，我的背脊也竄上一股寒意。是琳達姑姑，她帶來她的傳統耶誕餅乾，以及各種花式批判。

我並不討厭琳達姑姑。我對她的感情很矛盾，她就像念高中時那種雖然個性惡毒、卻對你很好的女同學。琳達姑姑在我爸的四個姊妹中排行最小，她高中跳過啦啦隊，大學參加姊妹會，成年後是鄉村俱樂部常客，是個充滿自信的人。她住在高級社區，雖然是兩個孩子的媽，卻依然有種酷酷的女性魅力。跟她一起喝酒聊八卦、接受她的強烈關注都很輕鬆自在，可是等到你卸下心防，她會突然刺你一下。

琳達姑姑進門後，她老公幫她掛起外套，我媽從她手裡接過餅乾托盤，我妹幫她倒了一杯葡萄酒，然後她直接朝我走來。我們先回味了一下我的婚禮，接著聊到未來的計畫、工作、房子。最後她說到她才剛從我表妹家過來，他們家一團糟。我問她怎麼回事，她說自從我表妹上星期結婚以來，他們家就一直氣氛緊張。我表妹在婚禮當天挑三揀四、抱怨連連，把她母親都惹哭了。她母親，也就是琳達姑姑的姊姊，性子太軟，管不動女兒，所以琳達姑姑出面教訓了她一番。琳達姑姑告訴外甥女，她在婚禮過程中表現得像個不知感恩的屁孩，現在居然連耶誕節都不放過。我適時表達震驚，該笑的時候也笑個幾聲，最後我說了一句：「哇，太扯了。她有什麼毛病？」琳達姑姑說：「你應該知道才對啊，我聽說你也是個難搞的新娘。」

這只是一句隨口說出的個人意見罷了，根本沒人聽見，但我卻立刻感到耳鳴頭暈。我好像被人一槍射中，倒在地上的血泊裡。這一槍並非擊中心臟，而是肚子。用的不是手槍，而是霰彈槍，會在身上留下一個大血洞的那種。有人看見我身上的大血洞了嗎？我把杯子舉到唇邊，杯子裡的冰塊喀啦一聲。「嗯，聽說？聽誰說的？」我問。其實我知道只有一個人會做這種事。

我媽在我後面，琳達姑姑看見她臉色發白，趕緊改口。「喔，我記錯了啦，是另一個外甥女。」但傷害已經造成。壞心情汩汩流出，就像我九年級時在我爸媽的白色沙發上打翻的那杯紅酒。

憤怒與羞恥湧上心頭，像兩條支流交織在一起，在我的內心深處匯集成河。這種感覺很像小時候我哥揍我肚子一拳，或是在足球場上被人猛撞一下。我媽就是這樣看我的嗎？在她眼裡我是這樣的人？難搞的新娘？就因為化妝師沒來，我在飯店房間裡哭過一次？這樣我就成了難搞的新娘？為什麼要把這件事告訴琳達姑姑？

我轉身看著我媽。「你幹嘛對琳達姑姑說這種話？幹嘛要跟她談論我？」

我媽依然一臉蒼白、嘴唇微張，從夏多內白酒帶來的飄飄然裡，被一把用力給拽了出來。她說她沒說過那種話，接著我姑姑改口說所有新娘都很難搞。她倆就這樣你一言、我一語幾個回合，之後我媽終於說：「你確實有一次挺難搞的。」她一說完，我就爆炸了。我想哭，但是我沒在眾人面前落淚，而是大聲咆哮。我告訴我媽，我再也不會回家過耶誕節。我告訴姑姑，她是愛管閒事的爛人。我跟我媽說，我之所以這麼難搞，是因為她給我很多壓力。她神經兮兮、腦袋有病，我以後什麼事都不會告訴她。

大肆發洩後，我又喝了三杯琴湯尼，接下來整個晚上都把琳達姑姑當空氣，最後在房間裡對傑伊哭訴。我很氣自己。我氣自己生氣；氣自己研究壞心情已經好幾年，面對親人卻依然控制不住情緒。我在其他地方達成的各種進步，一回到家人這兒就消失得無影無蹤。我應該控制得更好才對，不該在琳達姑姑使出第一招時就立刻失控。如果琳達姑姑是一場考驗，用來評量我是不是情緒成熟、沉著、自信的女性，那麼我沒有通過考驗。可是，為什麼？親人到底有什麼特別之處，總是能激發這種壞心情？

壞心情要告訴你的事

我們都是雕塑家，不斷將別人雕塑成我們渴望、需要、熱愛或希望的形象，通常那與現實不符、與他們自己的利益不符，所以我們總是以失望收場，因為那些形象並不適合他們。

——阿內絲．尼恩

我爸是唯一能夠幫我扭轉這種壞情緒的人。隔天早上，他載我去火車站，我坐在副駕駛座。我忍不住說起這件事。「你相信琳達姑姑居然說了那些話嗎？」我哀怨地說。我知道他不是適合討拍的對象，不只因為琳達是他妹妹，何況他還是個男人。

「琳達的個性就是這樣呀，」他說，「沒什麼好奇怪的。」

「就是哪樣？刻薄？沒禮貌？」

「她沒那麼壞啦。這是她的個性，不然你希望她怎樣？」

「至少我姑姑應該對我好一點吧。」

「她對你很好呀。她對每個人都是這個樣子。差別是你對她有不同的期待，其他人早就習慣她的個性了。」

「我永遠沒辦法習慣這種個性，」我說。

「那也沒辦法，因為她不會改的。」

就是這樣。我爸再次提醒我，我試圖改變誘發情緒的刺激，而不是適應它。只不過這次的刺激是個人，我對她的行為有特定期待，所以她的行為不符期待時，令我感覺像是遭到了偷襲。我認為，既然我沒有對她說過那樣的話，她自然也不會對我說那樣的話。我擅自將這些期待強加在她身上，並且因為她沒有滿足我的期待而大發雷霆。這些憤怒、傷害、壞心情，說到底都是失望。

心理學家說，憤怒通常是一種失望的反應。生氣比表達悲傷或羞恥來得容易，於是我們用憤怒遮掩失望。哲學家瑪莎．納思邦（Martha Nussbaum）認為：「我們很容易生氣，氣到我們覺得部分目標遭受攻擊而感到不安或失控，氣到我們期待或渴望奪回控制。憤怒的目的是收回控制，而且至少會使你有收回控制的錯覺。」

我跟親人相處時產生的壞心情，全都包裝在憤怒裡。當他們的回應不如預期時，我生氣。當我打電話告訴他們我升職了，他們沒有恭喜我，而是說些「已經正式公告了嗎？不會只是口頭承諾吧」之類的話，我生氣。當我媽跟我溝通的方式跟其他人的媽媽不一樣，我生氣。「我討厭你」其實是「我很失望」的代名詞，對嗎？

這種壞心情其實跟別人無關，而是我自己的問題。看了這麼多年的電影，加上想像力過度旺盛，我對於每個人應如何扮演自己的角色，有既定想法。我把一個好家庭、好朋友、好丈夫的劇本都寫好了，只要有人脫稿演出，我就會有情緒。如果我把劇本撕了會如何？光是這麼想，就隱隱有種解脫的感覺。放下一切會有多輕鬆。降下布幕吧。我活到二十八歲，第一次丟掉自己對親友那些先入為主的想法、觀念與過去，我決定用全新的角度看待他們。這種壞心情的解藥是接受對方真正的樣子，而不是要求他們符合我的期待。當然，這意味著我必須先理解我給每個人指派什麼樣的角色，包括我自己的角色。

理解每個人的角色

人類……不會改變，只會被顯露出來。

——安瑞特，《聚會》（*The Gathering*）〔1〕

在我能夠接受別人之前，我必須先認真審視自己。我的行為舉止是否有特定模式？我對自己做為女兒、姊妹、妻子等身分，設定了哪些期待？

心理治療師維琴尼亞．薩提爾（Virginia Satir）專門研究家庭成員間的關係，她認為家庭會為每個成員指派角色，就算我們知道這些角色多麼有害、或多不正確，它們早已在家人的互動裡根深蒂固，每個家庭皆然。

1　譯註：《聚會》繁體中文版由書林出版社翻譯出版。

角色是溝通方式。我們學會這種溝通方式，並且習慣用它來跟家人互動。角色使家庭的運作維持某種「和諧」，每次你跟媽媽或姊妹說話時，她們會期待你扮演這個角色。如果你不演，她們只得即興演出，但除了花錢上即興表演課的人，沒有人喜歡即興演出。

薩提爾說，家庭最常見的溝通類型有五種。家庭成員不會本色演出，而是每個人都從五種角色中選一種，然後依照角色的價值觀和習慣，來跟其他人溝通。

指責型（blamer）：「我比你想的更糟，也比你想的更好。」——希薇亞・普拉絲

指責型的人比較敏感和積極上進，在我們需要他們時，他們會義無反顧支持我們；倘若他們覺得遭受背叛、輕視、無禮對待，也會立刻大發雷霆。他們對不平衡的情況極為敏感，像盡責的女兒、母親跟姊妹一樣總是全力以赴，但碰到錯誤或不公平的情況時，也會展現最嚴厲的一面。雖然他們溫柔貼心，但受傷時照樣會殘酷回擊。

打岔型（distractor）：「不好玩的人生裡只有真實，我無法接受這樣的人生。」

——嘉莉・費雪（Carrie Fisher），美國演員

打岔型是家裡的小丑。他們會轉彎，而不是直接交戰。當話題開始變得「太深刻」或「太敏感」，他們會快速轉移話題，用幽默感過度填補他們自己不想面對的感受。打岔型擅長紓解緊張氣氛，若是被迫端正態度，他們可能會爆發。

理智型（computer）：「碰到有事，我會逃走。逃得愈來愈遠，愈來愈疏離。」

——瑪莎・蓋爾霍恩

理智型拒絕探索深層情緒，而且會為了保護自己，而理性分析眼前的情況。當他們生氣或受傷時，理性是他們的防禦工具。他們把理性與事實緊抓在手裡，把痛苦的情緒藏在邏輯背後，拒絕放下防衛、展現人性的一面。

討好型（placater）：「我不知道自己到底是誰。他們想讓我是誰，我就是誰。」

——娜妲麗・華（Natalie Wood），美國演員

討好型的立場不偏不倚，他們過度在乎別人的感受和需求，藉此逃避面對自己的感受與需求。討好型努力取悅每一個家人，阻止衝突發生。但其實他們只是讓潛在的衝突延遲爆發，同時也壓抑了自己的情緒。

持平型（leveler）：「別人愛怎麼開金髮女人是蠢蛋的玩笑，我都不在意，因為我知道自己不蠢……而且我知道我的頭髮不是真的金色。」

——桃莉・芭頓（Dolly Parton），美國歌手

若說到人見人愛的角色，絕對是持平型。我們應該努力成為這種溝通類型。他們情緒成熟，為了和諧與進步不惜展現自己的脆弱。他們很直接，但不挑釁。他們有情緒，但不隨便發洩。他們態度真誠，不會話裡有話，或是遮掩真實情緒。他們開誠布公，接受批評，誠懇溝通。他們使對方感到自在、感到有人聆聽、覺得有人理解他們。

我在我們家顯然扮演指責型角色。我剛上高中時有次收到超速罰單，我媽問我為什麼不告訴她這件事的時候，我說因為她會生氣。當她提起我在婚禮期間的「難搞時刻」，我告訴她那是因為她給我很多壓力。我把這些事都怪到她頭上，而不是承認自

己的失敗跟錯誤。我會有這種自動反應，是因為我對失望避之唯恐不及。指責型的人都一樣，我寧願大發雷霆，也不願意別人說我不夠完美。這個角色建立在逃避和推諉之上，因為我不想感受失望帶來的痛苦。

傑伊質問我的時候，我的反應也一樣。他問我晚回家為什麼不先打電話，我說這不是我的錯，是他太黏人。諸如此類的衝動反應，都源於我所扮演的角色。在我了解自己一直重複扮演的角色之後，下一次在我感覺到自己即將入戲之前，我會更加注意。我也把其他人的角色看得更加清楚，並且試著用他們能夠理解的方式跟他們溝通，而不是激怒他們。

幾個月後我們再次返鄉，慶祝祖母的九十歲生日，我就像看了一齣小劇場，目睹這五種角色在面前真實上演。那天我們坐在燈光昏暗的牛排餐廳裡，我剛點完第二杯琴湯尼沒多久，我妹隨口說了我大學時養了一隻狗，後來沒辦法照顧就丟給我爸媽。她的角色一直很清楚，她毫無疑問是理智型：因為她說的話永遠基於「事實」，儘管那是沒人想討論的事實。我覺得她在攻擊我，使我陷入當眾裸體般的尷尬。她怎麼可以這樣說出我的糗事？雖然她說的事情我爸媽早就知道（狗現在還在他們家，他們也很疼愛牠），但是我覺得自己好像又讓爸媽失望了一次。我出口反擊，說至少我有讀完大學，還說如果她當時沒有賴在家裡，根本不會注意到那隻狗。說著說著，我爸插嘴開了個玩笑，他說狗狗跟我妹他都愛，因為她們都是母老虎。這時，我突然看見了——每個角色在我眼前粉墨登場，如此清晰。

其實我早就看過同一齣戲，只是場景不同。要是我繼續跟我妹唇槍舌戰，我知道接下來會發生什麼事。就像上次全家去旅行，她說一句，我丟回一句，我爸插嘴打圓場被我們無視，我持續罵個不停，直到我爸不再扮演冷靜的打岔角色，而是發了一頓脾氣後起身走人。這時我那討好型的媽媽會試著安撫大家，然後自己跑去浴室偷哭，哀嘆為什麼她的孩子老是起衝突。

看清大家的角色後，我可以改寫劇本，不讓劇情走向相同的結局。回應我妹的話沒有用，她只會用更多挖苦與事實來反擊我。我可以把我爸的玩笑當成示警信號；他登場是為了提醒我停止交戰，別再斤斤計較，和平收場。了解我妹扮演什麼角色，也給我一種解脫感；跟理智型的人吵架是白費力氣，何況她才十九歲，沒那麼快成熟。我只能接受現在的她就是這個樣子，當然，更好的作法是在她滔滔不絕說出各種事實之際，以同理心對待她。

了解自己的動機、衝動與情緒刺激，才有辦法配合旁人的動機調整自己。知道自己是指責型之後，我重新思考自己為什麼一定要回擊。知道妹妹是理智型之後，我變得沒那麼容易被她的回應激怒。了解每個人的角色，把自己和對方都看清楚，如此一來，我就能專心改變我和他們的溝通方式。

溝通 vs 對話

我一直覺得詞不達意是一件很有意思的事。

——葛莉塔．潔薇（Greta Gerwig），美國演員

我的主觀期待與這種壞心情，有一大部分來自我嘗試與其他人建立情感的方式。也就是：我希望他們說什麼，我期待他們說什麼，以及他們實際上說了什麼。

一九〇〇年代初期，時尚指標人物黛安娜．佛里蘭在日記裡寫道：「媽媽和我幾乎毫無共識……今天早上我哭了。我現在也很想哭。我不知道該怎麼辦。這對媽媽並不公平。要是我知道該怎麼做就好了。我只是跟她爭辯、反駁她，這必須停止。這樣

很糟，但我就是忍不住。這是今天我人生中的一大問題。我沒辦法告訴媽媽。我不知道該怎麼跟她說。」

得知不同年代的女性跟我有相同的苦惱，我感覺得到撫慰。連時尚雜誌《Vogue》的主編都跟我一樣，曾為了自己與家人的關係而苦惱不安，這使我覺得沒那麼孤單。跟佛里蘭一樣，我也覺得我家有很多不能觸碰的話題。我們從未消化或放下這些共同的記憶與令人不舒服的過往。如果我想走出這種壞心情，顯然必須挖出它們，擦拭乾淨，然後存放在一個新的地方，一個不需要用黃色封鎖線圍起來的地方。

我從未好好處理並放下、這輩子最丟臉的時刻之一，發生在許多年前，當時我在馬德里留學，我媽、我妹、蓋比阿姨和表妹來找我。

她們抵達前幾週，我交了新男友。那天我在咖啡館的戶外座位念書，有一男一女走到我旁邊。「Perdona，」男人說，「我們可以借用這把椅子嗎？」他一看見我的臉就切換成英語，原因我很清楚。我的打扮非常不西班牙：頭髮挑染過度，加上「Juicy」運動長褲，我只可能是美國人。我厚著臉皮用西班牙語回答。他很高興，不知道是因為我的答案、我的語氣，還是我看起來很主動，總之他後來沒有借走椅子，而是問我：

「我們能跟你一起坐嗎？」

他叫做羅伯托，四十歲，牙醫，住在馬德里的拉丁區（請想像紐約東村）。跟他在一起的金髮美女是他的法語家教，至少他是這麼說的。我們聊著聊著，很快變成打情罵俏，當法語家教去上廁所時，他要了我的電話號碼。

幾天之後，我們碰面約會。他沒有我記憶中那麼帥。黑髮油膩而且髮量不多，用髮膠抓成比較適合年輕人的刺蝟頭。他有幾條抬頭紋，牙齒過度美白。不過他身上有種我很少看到的自信，至少美國男生不是這樣。（我當然也是猜測。因為我高中單身，大學繼續悲慘單身，這是我第一次「貨真價實」的約會。）他說我很像迪士尼的角色孟漢娜，雖然我覺得這是羞辱，卻還是跟著他一起回家。我連著兩週天天在他那黑色大理石裝潢的單身公寓過夜，於是我相信他就是我男朋友。

我，蘿倫．馬汀，二十一歲，正在跟一個兩倍年紀的男人交往。不是隨便什麼男人，他是牙醫，有自己的房子和一輛二〇一一年份的路華攬勝休旅車（Range Rover）。他會在酒吧裡對女孩子吹口哨，就算知道我快遲到而且地鐵很擠，搭地鐵上學比平常的四十分鐘更久，他也從不開車送我上學。儘管如此，他是我的男人。

我的家人終於抵達馬德里，下飛機後我媽跟我阿姨在飯店酒吧喝調酒，我妹跟表妹喝無酒精的雪莉．鄧波（Shirley Temple），而我迫不及待想要告訴她們，我「談戀愛」了。

好不容易等到我阿姨開口問我在馬德里過得如何，我說：「很開心！我交了男朋友，是個很棒的人。」

「是嗎？他也是學生？」她問。

「不是。他是牙醫。」

我看見我媽跟阿姨互看一眼。

「他幾歲？」這是我媽提出的第一個問題。

「四十歲，」我充滿自信的說。

她們又互看了好幾眼。

「太好了。有機會我們也見見他。」蓋比阿姨總是那麼支持我。

我媽一語不發，但是那種感覺開始竄上我心頭。面對她，我常常有那種感覺。好像不管我怎麼做總是不夠好，做什麼都不對，做什麼都很難。她才剛到西班牙，我們已經三個月沒見面，但是她連假裝關心我都做不到。

「學校怎麼樣？」她終於問我。

「很好，就一般。」

「我們要不要出去逛逛？」阿姨說。我表妹已經喝完飲料，撈了冰塊在嘴裡吸。

她們各自回房換衣服，我坐在大廳傳簡訊給羅伯托。

我們正要走出飯店的旋轉門時，阿姨拉住我。「你媽想知道你有沒有記得避孕，」她小聲說。

「當然有啊！而且沒避也沒差，我們是認真交往。」

我故作堅強，但其實內心很受傷。為什麼我媽只在乎我有沒有避孕？這句話聽起來不像關心，更像指責。她再次提醒我她是家長，我是不成熟的孩子。我獨自住在另一個國家，會說外語，也過了喝酒的法定年齡，但她就是要讓我覺得自己是笨蛋。她為什麼不直接問我羅伯托的事，而是背著我跟阿姨討論像避孕這種既尷尬又難堪的事？她為什麼不自己來問我？

從阿姨的這句悄悄話就能看出，即使我已經二十一歲，我跟我媽仍不太可能變成朋友。她不是我能吐露心事、分享心情的對象。好像不管我告訴她什麼好消息，她總是讓我懷疑自己。我當時還沒認識前述角色類型，所以再次選了個自找麻煩的角色。

有天下午觀光結束後，我們去馬德里市場（El Mercado）吃晚餐，這是我最喜歡的用餐地點，第一次約會時羅伯托就是帶我來這兒。好死不死，這天晚上羅伯托帶了另一個女人來這裡吃晚餐。

我看見他跟那個女人同桌吃飯，兩個人十指交扣，簡直就是黛博拉・梅辛（Debra Messing）的浪漫電影。那一刻，彷彿有一塊重重的鐵塊直接壓在我心上。我無法呼吸。他就在我眼前，坐在我們一起坐過的桌旁，對面的那個女生還跟我很像。我盯著他看了很久，他終於有所察覺，抬頭看我。四目相交時，我轉過頭。我很想吐。我覺得自己白癡到家。

驕傲如我怎麼敢告訴阿姨（更不用提我媽）這段「感情」跟大家想的一樣：噁心的西班牙老男人，用西班牙火腿引誘年輕又天真的美國女生上鉤。我只能坐在那裡暗自沸騰、痛苦、壓抑受傷的情緒。

壓抑受傷的情緒、憤怒和難堪的人，會做什麼呢？喝酒。可是我不想獨自在馬德里街頭喝酒，於是我拉著十五歲的表妹妮娜一起去，用龍舌蘭烈酒灌醉她後，凌晨兩點再把醉吐的她送回阿姨房間。接著我回到我跟媽媽、妹妹同住的房間，在她們兩人面前跳脫衣舞（別問為什麼，我只是個大學生。所幸我的脫衣舞表演是當晚限定）。一如往常，我在凌晨四點帶著痛苦的意識驚醒：我做了什麼蠢事？

那天早上我很不舒服。不是身體不舒服，而是情緒上不舒服。我原本應該身體不舒服，只不過心理上的痛楚使我感覺胃裡打結。怎麼回事？為什麼床邊會有垃圾桶？

我為什麼沒穿衣服？

這時差不多是早上九點，我一個人在房間裡整理思緒，我妹從大廳回到房間。

「大家到哪兒去了？」我問。

「吃早餐。」

我胸口一緊。

「昨晚發生什麼事？」

「你脫光衣服跳舞，媽叫我閉上眼睛！」她哈哈大笑。

天啊。

「妮娜還好嗎？」

「她今天早上不舒服，蓋比阿姨叫她躺著休息。」

天啊。

我已經知道答案。

「媽很生氣嗎？」

「對啊！」

我妹笑著走出房間。

大事不妙。我媽生我的氣，酷阿姨很有可能也對我感到不爽。我把她十五歲的女兒灌醉，而且天知道我喝到斷片時還跟她們說了什麼。我下樓跟她們一起吃早餐，還沒坐下就先開口道歉。我告訴阿姨，我願意做任何事向她賠罪。我告訴我媽，我對自己做的事感到抱歉。我保證接下來她們待在馬德里的這段時間，我一定會好好表現。

我沒有提羅伯托的事。我沒有告訴她們我之所以喝醉，是因為不好意思承認這段「認真交往」的感情出了什麼問題。我沒告訴我媽，昨晚讓我受傷的除了羅伯托，還有她要我避孕，以及我跟她疏遠到必須透過中間人才能討論這件事。我沒有告訴她們，我在這個陌生的國家感到不安、傷心又寂寞。

我媽只說了一句話：「你應該再向阿姨道歉一次。」這件事就這樣結束了。隔天我們飛去巴塞隆納，搭雙層巴士觀光時我們坐在上層，天空開始飄雨，宛如預兆。一切如常，卻又透著不對勁。

身為作家，我應該有辦法寫個劇情轉折，為這個故事綁上漂亮的蝴蝶結，順暢地把它與家人間相處的焦慮感串接在一起。但是我認為自己需要做的，是把這八年來的羞愧和難堪一吐為快。我一直背負著這段記憶，因為我沒辦法用自己能接受的方式解決它、埋葬它、了結它。

去年耶誕節，蓋比阿姨在幾杯酒下肚後，問傑伊有沒有聽過那個「西班牙的故事」。我嚇到趕緊轉移話題。我不可能跟她一起笑談這件事，因為我依然覺得很丟臉。她顯然已經走出來了，可以一笑置之。可是我做不到，因為就算當成笑話，也是在提醒我：阿姨依然記得這件事。如果她記得，那我媽肯定也記得。為什麼我二十一歲做的蠢事，現在依然困擾著我？為什麼我不能放下這段往事？

因為我一直不肯面對它。你無法面對的事情，會一直纏著你不放。

我漸漸明白這些家裡的小事（或大事）不會「自動消失」。你必須勇敢面對，否則它們只會加深隔閡。每個人都會犯錯，會在自己愛的人面前出糗，會經歷看似毀滅的成長階段與時期，這些都很自然。欠缺談論這些事情的能力，才是不自然的。但正因如此，就連最酷、最冷靜、最鎮定的人也可能會被親人激怒。我們認識最久的人，見證過我們最糟糕的錯誤、最慘痛的失敗與最尷尬的過錯。我們跟他們之間有最多從未解決的問題。你想忘記自己最難堪的一面，親人偏偏不讓你忘。我們可以跟令我們失望的人斷絕往來，但是跟親人斷絕往來沒那麼容易。

這很像那句老話：「祕密讓人生病。」不過要改寫成：「尷尬、不舒服的家族記憶令人心情不佳。」

衝突與溝通都是人生的常態。你看待、處理和解決衝突的方式，是塑造品格的關鍵。誠實與坦率是每個人（包括你的親人）都敬重的特質。借用美國詩人瑪麗安．穆爾（Marianne Moore）的名言：「誠實的人本身就是一種恭維。」

我至今尚未跟家人聊過「西班牙之旅」（日後一定會找機會做這件事），不過我已經開始跟他們溝通其他尷尬、不舒服、令人緊張的事。例如我不想在我爸的公司上班，不喜歡我媽批評我的感情、交友情況跟髮色。

如果我有從西班牙經驗學到教訓，那就是：不願處理衝突，只會讓衝突愈演愈烈。事發當下就開誠布公把話聊開，好過接下來的八年戰戰兢兢，不敢聊到牙醫、西班牙跟龍舌蘭烈酒，因為你知道，這幾個話題都會讓心情跌到谷底。

當然，我不一定能夠從容進行這種對話。事實上，我非常懼怕。但是我找到幾種技巧，不但能紓解焦慮，也能幫我判斷這樣的對話是否值得展開。對話跟喝龍舌蘭烈酒一樣，要有天時地利人和；條件都對了就能順利進行，若錯過適當時機，下場可能很慘。因此在我展開對話之前，我會先問自己幾個問題：

✓ 如果做了，最棒的結果可能是什麼？

✓ 如果做了，最壞的結果可能是什麼？
✓ 如果不做，最棒的結果可能是什麼？
✓ 如果不做，最壞的結果可能是什麼？

不只是家人，現在我在跟任何人進行困難的對話時，也會更加留意自己的用字遣詞。我知道自己很敏感，也知道若想跟別人討論複雜的主題，你會想要避免在討論過程中造成不必要的傷害。

以下幾個建議，可以在你跟親人進行尷尬對話的時候，幫你一把。任何類型的溝通，只要你想拉攏對方（例如上司、高級餐廳的服務生、客戶、房東），都能試試這幾種方法：

不要給自己打折扣

當你用「也許我說得不對」或「也許是我太敏感」這樣的話開頭，你接下來的主張就自動打了折扣，而且這種話會使對方豎起防備，或是給對方機會順著你的意思說：沒錯，你就是太敏感。如果你想告訴對方自己的真實感受，直接說出來，不要打折扣。

用「我」造句，不要用「你」造句

描述令你不舒服的行為時，要換個方式。「你老是遲到」這樣的話會激發對方的敵意。若是換成「每次等你那麼久，我都覺得很受傷」，對方就不會認為你在攻擊或詆毀他們，因為對話的重點不是他們做錯了什麼，而是你為什麼不高興。

說「謝謝」，不要說「抱歉」

這對我來說是重大轉變。道歉等於把焦點放在自己身上，而不是你傷害到的對方。「抱歉，我遲到了」聽起來不太誠懇，像是為了減輕罪惡感的藉口。「謝謝你等我」則把你從找藉口開脫的人，變成一個感恩的人，你肯定對方為你付出，並且道出感謝。大家都喜歡收到感謝與肯定，一句簡單的「謝謝」便能立刻改變對方的思考方式，保證令你驚訝。

說出你真正想說的話，同時又讓對方覺得你理解他們、感謝他們，這種溝通方式可以改變各種人際關係。因為情緒化的女人總是可愛，就算做了不討喜的事情也不會令人生厭。

你不可能看見故事的全貌

觀察別人的人生，任何一個人都行。肯定在某處藏著惡夢。

——梅伊・薩頓（May Sarton），《年橋》（*The Bridge of Years*）

一九六三年，伊麗莎白・泰勒結束第四段婚姻，並且與當時已婚的李察・波頓（Richard Burton）在電影《埃及豔后》（*Cleopatra*）中合作。不到一年，兩人在蒙特婁的麗思飯店（Ritz）結婚。《埃及豔后》帶來的名氣，加上私生活的精采八卦，使他們成為當時世界上最有名的夫妻。

像現在的翹臀金（Kim Kardashian）和肯爺（Kanye West）一樣，他們過著豪奢的生活。一九六〇年代，兩人一共賺進八千八百萬美元，花掉六千五百萬美元。他們買了多輛勞斯萊斯、數個豪華飯店樓層、一架私人飛機、一架直升機與一艘要價數百萬美元遊艇。一九六九年，波頓斥資一百一十萬美元（以通貨膨脹率換算後，相當於現在的七百萬美元），買下那顆名為「泰勒－波頓」的六十九克拉鑽石送給妻子，全美國的女性都隨之心神蕩漾了一下。

它不只是當時全球最昂貴的鑽石，也是最炙手可熱的鑽石。在最初的拍賣會上，波頓在競標時輸給了卡地亞公司（船王歐納西斯也輸了）。波頓知道自己出價一百萬美元不夠高，於是他告訴卡地亞公司無論得標價是多少，他願意往上再加五萬美元購買這顆鑽石。

在商言商的卡地亞同意這筆交易。他們不但短短一天就獲利五萬美元（相當於現在的三十四萬兩千美元），還附加了一個條件：這枚鑽戒必須先在卡地亞的紐約與芝加哥分店展示後，才交付給新買家。這個行銷手法非常高明。據估計，在短暫的展示期間，排隊人數高達六千人，他們不只是為了一睹鑽石的風采，更是因為想看看這枚象徵愛情的信物——他們一輩子也無法擁有如此熱烈的愛情。

價值百萬美元的鑽石到底是什麼模樣？在許多女性眼中，這顆鑽石就是愛情。它是她們夢想擁有的一切，是一個好萊塢愛情故事。但是排隊和凝視這顆鑽石的群眾裡，沒有人知道它背後真正的故事：波頓為什麼要買下世上最昂貴的鑽石送給泰勒？

幾個星期前，他們在義大利度假。有天波頓在餐館裡醉酒發飆，泰勒試圖安慰他，她伸手要去握他的手。波頓把她的手一把拍開，還說她的手又大又醜，根本是男人的手。

「既然如此，你應該買一枚超大鑽戒給我戴，我的這雙大手才會看起來嬌小一點，」她說。

波頓在日記中寫道：「昨晚我罵了她，肯定得付出很大的代價。」

排隊觀賞泰勒那枚百萬鑽戒的六千人永遠不會知道，它並非奉獻與愛的象徵，而是一份懺悔的禮物。這枚戒指象徵他們的墮落，閃亮亮地反映出毒品與酒精，這兩種惡習後來導致泰勒不得不以三百萬美元（相當於現在的九百萬美元）賣掉這枚鑽戒，資助第六任丈夫的政治活動。

我為什麼要說伊麗莎白．泰勒的這個小故事？因為我希望你下次解讀別人的行為時，想想這個小故事。我希望你在篤定一件事情的起因、以及對方為什麼要這麼做的時候，想想這個小故事。我希望你用它提醒自己，我們用單一角度解讀的情況，背後大概都有個截然不同的故事。

我們隨時隨地都在編故事。朋友沒有回訊，是因為他們討厭我們。媽媽批評我們的泳裝，是因為她覺得我們不知檢點。姊姊忘了我們新男友的名字，是因為她不喜歡他。

花一點時間，換個角度思考一下。朋友沒回訊，或許是因為她太忙。媽媽批評你的泳裝，或許是因為她自己不好意思那樣穿。姊姊忘了你新男友的名字，或許是因為她自己的感情出了問題，沒有心思記住。

壞心情大多源於我們自己的想法，也就是錯誤看待與解讀別人的言行。**重點是詮釋**。你用什麼方式詮釋一個情況、一段對話、一個時刻，將會決定你的心情走向。

布萊恩・博克瑟・瓦克勒醫生（Brian Boxer Wachler）說，你區別現實與幻想的能力取決於你的「感知智力」（perceptual intelligence）。我們從未直接感知這個世界，而是任由記憶與情緒扭曲我們對事件的理解，這正是溝通不良和誤解的原因。

就像那種明明很龜毛、卻自以為好相處的女生一樣，我也覺得自己的「感知智力」肯定極佳。我察覺得出對方是不是生氣、難過或不自在，然後快速調整自己的行為以取悅對方。但是，有兩個重點我沒抓住：一是我不需要取悅別人，二是對方未必有我想的那麼不自在或不開心。就算我常猜對，也不過是把自己的想法投射在對方身上，自尋煩惱。

我很愛作夢。傑伊說我想像力豐富。我用想像力給自己找不痛快，而且比我想的還要嚴重。比如說，我總是想像最壞的情況。以我跟同事參加過的同一場會議為例，會後我萬分沮喪，她卻非常開心。

「你怎麼了？」她問我。

「你沒聽到他們對圖樣的意見嗎？他們不喜歡那些圖樣。」

「他們才沒這麼說呢！他們說對其他選擇充滿期待。」

「對啊，這表示他們討厭圖樣。」

「不對，這表示他們對我們的表現很滿意，想多看一些作品。」

我的同事顯然正面看待未來，而我很負面。接下來一週她天天心情愉快，辛勤工作，設計新的圖樣。我則是焦慮、暴躁、擔憂。追根究柢，客戶說的話是什麼意思完全不重要。形塑經驗的是我們後續的作為，我們如何理解資訊，並且利用資訊滿足客戶所需：我的同事聽見客戶回饋的意見，而我只聽見批評。

我必須設法改變負面思維，也就是停止把對方的訊息想成有敵意或糟糕的訊息，也不要老覺得別人是明裡暗裡地批評我。

《福爾摩斯思考術》（*Mastermind: How to Think Like Sherlock Holmes*）[2]的作者瑪莉亞．柯妮可娃（Maria Konnikova）介紹過幾種客觀判斷情勢的方法。「有一種練習很有幫助，

2 譯註：《福爾摩斯思考術》繁體中文版由商周出版社翻譯出版。

那就是把情況從頭描述一次，可以大聲說出來或是寫在紙上，假裝你正在解釋給一個毫不知情的陌生人聽，就像福爾摩斯向華生說明推理過程那樣。每次福爾摩斯從頭到尾說明一次觀察結果，原本藏在暗處的缺口與矛盾就會浮現。」

當然還有另一種方法。有一次我去做心理治療時，看到候診室桌上有幾本談如何紓解焦慮的書。我隨手翻閱，看到一張表格。我用手機拍下這張表格的照片，然後做了些微調整，我叫它「詮釋檢查表」。

只要碰到什麼事令我心情不好，我就會拿出這張檢查表來填寫。這張檢查表有四個欄位，第一欄描述使我心情不好的情況，比如我最近寫過：「我跟我媽吵架。」第二欄是我對這個情況的自動化思考：「我是壞女兒。我媽討厭我。」第三欄是支持自動化思考的證據：「她大吼大叫。我掛上電話。她聽起來很憤怒。」最後一欄是推翻自動化思考的證據：「母女吵架很正常。我們以前吵過架，後來都和好了。」

情況	自動化思考	證據	反證

這張表格不會解決問題，但能幫助你了解情況。以這個例子來說，我後來打電話給我媽向她道歉。通常我會花很多時間悶悶不樂，拉著老公或朋友重講一遍我的主張，看看有沒有什麼漏洞能證明我不是壞女兒、壞妻子、壞朋友。道完歉，我就不會花那麼多時間煩惱這件事。

這張表格幫助我擦亮眼睛。沒錯，我們吵了一架。那又如何？我打電話道歉後，一切又回歸正常。這次吵架跟以前幾次吵架沒有不同，都不是什麼嚴重的事。不過，道歉跟承認錯誤確實得花點時間學習。

學會道歉

道歉這種事，愈拖延就愈艱難，拖到最後就開不了口了。

——瑪格麗特．米契爾（Margaret Mitchell），《飄》（*Gone with the Wind*）〔3〕

3 譯註：《飄》繁體中文版新譯本由麥田出版社翻譯出版。

我接下來要說的這個故事，不是為了詆毀你心目中的黛安娜王妃。真的不是。只不過說到犯錯，她犯下的可不少。她雖然永遠會是人民的王妃，卻不代表她是完美的妻子、妹妹和媳婦。

我之所以知道，是因為一九九九年美國調查作家莎莉．貝德爾．史密斯（Sally Bedell Smith）採訪了一百五十位熟識黛安娜的人，寫成一本視角公正的傳記，一如她曾出版的其他幾本傳記。

在《尋找自己的黛安娜》（*Diana in Search of Herself: Portrait of a Troubled Princess*）一書中，史密斯提到一件很多人不知道的事：黛安娜深愛過查爾斯王子。她想要嫁給他。一九七七年她跟查爾斯初相識時，查爾斯正在跟黛安娜的姊姊莎拉約會。但是黛安娜非常喜歡他，喜歡到不介意這件事。後來莎拉跟查爾斯合不來，這時性格活潑、十六歲的黛安娜才下定決心要嫁給查爾斯。

三年後，他們再次相遇並開始約會。在見面十三次後，查爾斯向黛安娜求婚，兩人半年內完婚。不久，這段關係便漸漸出現裂縫。黛安娜比查爾斯年輕十二歲，也不熟悉白金漢宮的大小規矩，她變得愈來愈任性。她缺乏安全感、善妒，而且認定查爾斯不夠愛她。當然，英國的八卦小報經常刊登查爾斯深愛卡蜜拉．帕克．鮑爾斯

（Camilla Parker Bowles）的報導，這對黛安娜來說更是雪上加霜。

漸漸地，黛安娜變得愈來愈難溝通，也愈來愈沮喪。她渴望查爾斯全心全意關注她，將他忙於工作視為拒絕。黛安娜的好友、室內設計師尼可拉斯・哈斯朗（Nicholas Haslam）還記得她是怎麼鑽牛角尖的。「黛安娜會糾結於她自認做得不夠好的事情、以前和現在有哪些人背叛了她，翻來覆去思考敵人的所作所為，包括真正的敵人與她想像中的敵人。她被這些念頭逼到哭，有時甚至想要報復。她陷入這種狀態時做的決定都很糟糕。」

這些糟糕的決定中，有一個是同意以祕密錄音方式接受某記者訪問，這名記者打算出版一本黛安娜私生活的懺情錄。多年來，她覺得自己遭到輕視、忽略，不論八卦小報還是正經報紙，報導她時都不公允。因此她認為，出版一本講述婚姻與皇室生活「真相」的書，能讓大眾從她的觀點看待整件事，有助於改善她的形象。史密斯寫道：「這本書宣稱是『真實故事』，但實際上是黛安娜受到心理治療、星座分析與另類分析師影響，助長她把錯誤歸咎於他人，而對事件做的情緒化詮釋。」她執意要爆料卡蜜拉是查爾斯的情婦，還要讓大眾聽見她的心聲、看清她的婚姻。安德魯・莫頓（Andrew Morton）所著的這本書叫《黛安娜傳》（*Diana: Her True Story*）〔4〕，於一九九二年六月出版。

如果連我都會害怕自己在西班牙發酒瘋的事，會破壞我和親生母親之間脆弱的關係，不難想像這本由未來皇后親口揭密女王與王子的書，會對白金漢宮造成怎樣的傷害。這本書出版時，全世界都不敢置信。可以說，連黛安娜自己也不敢相信。於是她開始欺騙自己，接著又欺騙每一個來問她的人。

你應該知道這種謊言。你震驚到不敢相信自己竟然做了那麼愚蠢的事，所以只好說謊。英國皇室，尤其是查爾斯，當然也希望這本書不是出自黛安娜的本意。他們要求黛安娜簽署一份聲明，譴責這本書的內容純屬虛構、絕非實情。但是她做不到，因為這不合法。

黛安娜的朋友說，她哭了好幾個星期。查爾斯讀完報紙上的第一段摘錄後，想要找她好好聊一聊，但是她哭著逃開，跑去倫敦躲了一晚。寫這本書時求助過的朋友，她全都斷了往來。她自絕於世。她的情緒陷入谷底，因為這整件事怪不得別人，只能怪她自己。「我做了一件愚蠢至極的事。我讓人寫了一本書。我原本以為這是個好主意，可以澄清事實，沒想到反而引來各種禍端，現在我覺得這麼做實在太笨了，」黛安娜在一場慈善晚宴上，悲傷地向朋友大衛．普特南（David Puttnam）坦言。

史密斯的書裡完全沒提到道歉。菲利浦親王寫了好幾封信給媳婦，除了責怪也有懇求，他表示他能理解經營婚姻並不容易，也知道查爾斯絕非完人。但黛安娜的反應是豎起戒備，她雇用一位律師來寫回信。這本書出版半年後，首相約翰・梅傑（John Major）在一份來自皇室的聲明中，宣布查爾斯與黛安娜「和平分居」。

要是黛安娜為這本書負起責任，為自己言行失當道歉、承認她的行為受到情緒影響，那麼說不定還有機會彌補過錯、挽回婚姻，而且肯定不會在四年後接受BBC《廣角鏡》（*Panaroma*）節目專訪時重蹈覆轍。那次專訪引發更多公憤，促使女王要求兒子離婚。

道歉很難。當我們感到受傷、有罪惡感或是遭人誤解時，通常會選擇退縮，而不是勇敢面對錯誤或真實感受。可是，人際關係的成敗，取決於我們是否有能力承認錯誤。

一九八六年，約翰・高特曼（John Gottman）與羅伯・李文森（Robert Levenson）在華盛頓校園裡的一棟公寓進行實驗。他們請數百對已婚夫妻在十五分鐘內解決一項衝突。研究者藉由觀察受試者的互動過程，推斷哪些夫妻會離婚、哪些不會。九年後他

4 譯註：《黛安娜傳》繁體中文版由大旗出版社翻譯出版。

們再次與受試者聯絡，發現當初的預測正確率高達九〇%。

高特曼說，天底下沒有夫妻不吵架的，但是**怎麼吵**會決定婚姻的穩固程度。破壞感情的不是憤怒，而是我們表達憤怒的方式。高特曼說：「只有在表達憤怒時使用批判、輕蔑，或是死不認錯的辯解，憤怒才會對婚姻產生負面影響。」

跟沒有離婚的夫妻相比，絕大多數離婚的夫妻都花更長的時間，處理雙方近期的爭議；吵架後，兩人都花好幾個小時甚至好幾天生悶氣。相反的，沒有離婚的夫妻通常會在吵架後，立刻討論各自的主張。

高特曼說：「只要了解這一點，你就能做好心理準備，接受婚姻最令人驚訝的真相：**婚姻中大部分的爭執都無法解決**。伴侶試圖改變對方的想法，年復一年。但是他們改變不了。因為大部分的爭吵根源於生活方式、個性或價值觀等基本歧異。」高特曼發現，六九%的感情問題都是「永久的」。

決定夫妻會不會離婚的因素很多。

離婚與未離婚的夫妻有六大差異，其中一個是「修復」能力。高特曼將「修復」定義為「能防止負面情緒升溫至失控的任何表示或行為，就算很傻氣也無妨」。維持住婚姻的夫妻都知道如何及早修復，而且經常修復。離婚的夫妻則不曉得如何正確修復，或是連試都沒有試過。修復非常重要，懂得修復，才能熬過其他「離婚陷阱」的其中四種。如果無法修復，婚姻將全盤皆輸。

婚姻跟家庭一樣，根植於溝通能力。薩提爾的家庭溝通模式，是建立在配偶的溝通能力上。一切都與溝通有關，這是必備能力。倘若你懂得向配偶道歉、用正確的方式與之溝通，同樣的技巧，你也能應用在那些比婚姻更難掌控的關係上。

你可以選擇朋友與配偶，但是無法選擇原生家庭。投胎就像抽獎，你被隨機選中後出生在某個家庭裡，和家人擁有相同的基因，但除此之外你們幾乎沒有共同點。

正因如此，家庭是舉止合宜的終極考驗。我們這一輩子，都在努力和那些最令我們不安、帶給我們痛苦回憶、令我們心情不好的人溝通，一邊跟他們一起生活、一邊發揮自制力。我們從小到大，一直在對抗這些似乎跟我們格格不入的人，我們被教導要愛他們，可是我們進入青春期後，愈看他們愈不順眼。

可是，倘若想要與親人維持正向而富建設性的關係，我們終究必須從那樣的相處模式中走出來。我們必須停止讓過往的痛苦與現在的焦慮，影響我們與親人的互動方式。親人永遠是親人。你可以讓他們像背後靈一樣陰魂不散，逢年過節碰面時劍拔弩張；也可以控制與親人相處時的情緒強度，將它轉化成新的形態，向親人展現其他人眼中那個又酷又可愛的你，而你也能看見親人最好的一面。學會掌握情緒反應，了解自己被困在什麼的角色裡，然後態度誠懇地跟親人溝通，別害怕露出脆弱的一面。這樣的你一定能感染對方，讓他們也展現出另外一面——那個他們急於讓你認識的面向。

轉念之後

你為自己選擇的名字，比出生時的名字更像你自己。

——坎蒂・達琳（Candy Darling），美國演員

我就是我，我必須接受自己。我生來如此，在這座城市，說這種方言，一貧如洗。我付出我能付出的，拿取我能拿取的，承受我必須承受的一切。

——艾琳娜・斐蘭德（Elena Ferrante），《新身分新命運》（*The Story of a New Name*）〔5〕

了解是療癒的第一步。

——桑德拉・希斯內羅絲（Sandra Cisneros），《喊女溪》（*Woman Hollering Creek*）〔6〕

5 譯註：《新身分新命運》繁體中文版由大塊文化翻譯出版。

6 譯註：《喊女溪》簡體中文版由譯林出版社翻譯出版。

CHAPTER

6

身體：老覺得力不從心、渾身不對勁

The Mood: The Body

症狀包括：沉重、麻木、

內在混亂，極度渴望酒精

聽聽別人的經驗談

這副成年女性的身軀，可以施加於其上的事情那麼多，可以出錯的地方那麼多，多到我覺得是不是擺脫了它會比較好。

——瑪格麗特．愛特伍（Margaret Atwood），《證詞》（*The Testaments*）〔1〕

這種灼熱的感覺會持續多久……

——安．卡森（Anne Carson），〈線〉（Lines）

他們不知道身為女性就意味著作戰嗎？

——凱瑟琳．萊西（Catherine Lacey），《答案》（*The Answers*）

1 譯註：《證詞》繁體中文版由天培出版社翻譯出版。

今天晚上我心情低落，但我已經消沉好幾個月了。除了睡不著之外，我也沒有食慾。體重掉到四十五公斤，身形消瘦是壓力，肚子不餓也是壓力，兩種壓力加起來我反而更沒食慾。凌晨兩點躺在床上輾轉難眠，困在負面想法的迴圈裡無法脫逃。腦海中播放著過往的錯誤、回憶、遺憾，像一部粗製濫造的電影。儘管我一直祈禱黎明快點到來，但還是在床上躺到八點半才起床。這都是贊安諾（Xanax）[2]的錯，我三點的時候出於絕望吞了一顆。我終於鼓足勇氣起床，走進浴室，一邊不假思索把右手伸到左邊打開電燈開關，一邊走到鏡子前面，檢查今天的狀態。今天很醜。再怎麼努力也沒用。我上完廁所，拖著腳步走進廚房，倒一杯咖啡。天空是灰的，我覺得真好。至少天氣符合我的心情。

就像釣魚的人知道釣魚線末端有沒有魚兒上鉤，我感覺得到，我的靈魂深處有什麼東西在蠢蠢欲動。我走出家門，穿過大都會大道（Metropolitan Avenue），走上平常去搭地鐵的路線。一輛卡車從我面前經過。接著又來一輛。引擎隆隆，像孩子被摀住的尖叫。路人若無其事，我卻抬手蓋住耳朵，這使我陷入更深的焦慮。是否真像英國作

2 譯註：贊安諾是用於緩解焦慮和鎮靜的藥物。

家珍・瑞斯（Jean Rhys）寫的那樣，「我必須如履薄冰，因為今天我把盔甲留在家裡沒帶出門」？

推開辦公室的玻璃門，白色大理石櫃台後面不見雪莉的身影，我鬆了一口氣。雪莉是我們公司的接待員，我不像同事山姆和肯卓拉那樣跟她很熟，而且我今天實在沒有力氣跟她閒聊。每次我走出地鐵站時，心裡都很慌張，七月中很熱，但我還是穿著長袖跟牛仔褲，因為不想聽到別人說我怎麼這麼瘦。所有的感受都放大了，變得更刺耳、更不順眼。我覺得身心都很脆弱，既不希望有人發現，又希望有人能問一聲：「你沒事吧？」這樣我就能徹底癱軟成爛泥，然後幽幽說出：「我很有事。」

開部門會議時肯卓拉坐在我對面，開完會之後，她果然跑來問我今天怎麼看起來怪怪的。我知道這是因為我的臉色很難看，每次我陷入這種心情就會變成這副死樣子。這是我內心奮戰時的表情，面容憔悴、雙眼圓睜。我看起來很老，心態也很老，由內而外衰老得很徹底。但於此同時還有一股新生的怒氣與躁動，像小孩子一樣精力充沛，想要尋釁引戰。

山姆決定跟我一起搭L線地鐵回布魯克林，一路下來，我發現內心這個暴躁的小孩只是想要哭一哭。不顧形象的那種嚎啕大哭。我們站在車廂裡，手抓著頂天立地的杜子，山姆問我：「你們會不會去度蜜月？」

「可能吧，我也不知道，婚禮結束後我們兩個都很忙，」我語氣平淡地低聲說。

「那小孩呢？你們有打算生嗎？」他接著問。

我不知道他是故意要刨根究柢，還是因為二十二歲的他依然天真。我只知道當我說「會吧」的時候，他盯著車廂內的廣告回我一句「有趣」，然後突然安靜了一下才說：「因為雪莉說她覺得你太瘦了，那裡可能有問題。」邊說邊指向我細瘦的身體。

「雪莉可以去吃屎！」我說，但是「吃屎」兩個字說得模模糊糊，因為我的眼淚已奪眶而出，引來其他乘客側目。我心中理智的那個我看見山姆的表情，知道他剛才那句話並不是那個意思。但一切為時已晚，原本躲在我靈魂深處的那個東西已經竄到表面。

我旁邊坐著的男乘客正在看書，為免我的眼淚淋濕書頁，他親切地讓出座位。我一邊坐下，山姆一邊不住道歉。「我不是那個意思，」他一再向我保證。但我認為他就是那個意思。我莫名其妙遭到攻擊，這種痛感比實際上更痛，就像被紙割傷卻找不到傷口。我們都不再說話，我坐在椅子上默默流淚，他站著望向我身後烏漆抹黑的窗戶。到了貝德福德站（Bedford），我起身下車。我哭著走過七個街口回家，如假包換的淚如雨下。雖然我在哭，但內心很高興，因為一切終於結束。

其實不然。隔天早上起床時，我再次陷入同樣的感覺。想起今天是週六，我暫時鬆了一口氣，不用面對山姆真是太好了。但解脫感消失後，那種打結的感覺又回來了，緊緊困住我的靈魂。天空依舊灰撲撲。壞心情籠罩著我，沒有理由也無法解釋。直到下一次尿尿，看到驗孕棒上仍是一條紅線。

壞心情要告訴你的事

等一等，我的月經不是才剛剛結束嗎？也許是因為我沒有月曆，或是因為我的身體每個月大出血一次似乎不太真實，總之我對自己的月經週期向來不太清楚。但是我以前也沒這麼糊塗呀。於是我開始記錄週期，這才發現自己為什麼老被月經嚇到——我的月經一個月來兩次。

兩個月後，我來到綠點區（Greenpoint）一家波蘭裔婦科醫生開的診所。那是一棟有遮雨篷的綠色建物，診所裡鋪著橘色地毯，用日光燈管照明，隔壁是波蘭麵包店。

三個穿著白袍的男士在診間裡進進出出。其中一個醫生很年輕，高個子，金髮，下顎線條剛毅。他每次走出來，我都在心裡禱告。直到一位下顎與脖子連成一氣的八十五歲老醫師喊了我的名字，我的禱告才終於實現。此時此刻的我沒有心力應付帥氣的婦科醫生。

醫師把我剛才遞給他的尿液放在桌上，往裡頭放進一條白色試紙。我告訴他我一個月有兩次月經，他問我這種情況持續多久了，我說應該有幾個月了。時間顯然過了三分鐘，因為他抽出試紙，放在一張白色紙巾上，確認我沒有懷孕。（不然呢？這個月我月經來了兩次欸。）他叫我躺在診療檯上，拉起黃紅格紋布簾。檢查後他說這種生理現象並不嚴重，我只是黃體激素不足。也就是說，我分泌的黃體激素不夠多，導致生理機制混亂，跳過了正常步驟，一個月排兩顆卵。他說最有可能的原因是壓力，吃藥就能改善。這種情況很普通。

但我的感覺一點也不普通。我覺得這像是把我擊倒的最後一拳。吞更多藥？更節制自己？月經更頻繁？連我的身體都沒辦法好好運作。我的生活一團糟，現在連身體也壞了。難道說，我的生活是因為身體不好才這麼糟糕？

這一切都是息息相關的，不是嗎？生理狀況會反映出心理壓力。這是一種循環的、具有象徵意義的關係。壓力太大使我失眠，也導致我的月經一個月來兩次，於是我荷爾蒙失調，進而帶來更多焦慮和壓力，然後更加睡不著。這個惡性循環至死方休。一切息息相關：身體、心理、心情。除非把它們都搞清楚，否則我一個也解決不了。

美國神經科學家暨藥理學家甘德絲・柏特（Candace Pert）在身心合一方面的研究廣為人知，她的一項重大發現是鴉片受體（opiate receptor），這是大腦中腦內啡與細胞結合的點位。柏特說，情緒不只是大腦的產物，情緒的表達、體驗和儲存也會發生在她稱為「身心」（bodymind）的地方。我們所有的痛苦記憶（失敗、失望、苦惱、失去）都隱藏或壓抑在身心裡，可以取出、改造、然後釋放，也可以置之不理，任由它們化膿腐爛，造成病痛或無法解釋的生理變化。

柏特的著作《情緒分子的奇幻世界》（*Molecules of Emotion: The Science Behind Mind-Body Medicine*）提倡整合醫療，她認為身體健康與情緒健康兩者間存在著關聯。心理狀態會影響身體。柏特說：「不是所有疾病都是由心理問題造成的，但幾乎所有疾病都有明確的心理因素。」

我發現，身體與心理同樣需要關注。多年來我一直不太注重身體。我為了掌握思想與感受用盡全力，卻不知道身體是思想與感受的延伸。

有時候，壞心情跟某些人、事或期待無關，跟過去或未來也無關。只跟我自己有關。在各種壞心情之中，理解這種壞心情最花時間，雖然它理應很容易明白。我之所以花了這麼長的時間才明白，是因為對它視而不見。我羞於承認對自己這麼不了解、承認我的身體如此失控，我睡不好、吃不好、月經不規律。

我必須長大，必須打開引擎蓋仔細檢查。美國舞蹈家瑪莎・葛蘭姆（Martha Graham）說過：「身體是一件神聖的衣服。它是你這輩子第一件衣服，也是最後一件。你穿著它出生，穿著它離世，它應當獲得尊重。」我可能不知何時不再尊重自己的身體，或是根本從未尊重它。現在，我要拾回這份尊重。

順著身體的週期

狗很有智慧。受傷時，牠們會爬到安靜的角落舔舐傷口，直到完全康復後才回歸社會。

——阿嘉莎・克莉絲蒂，《幕後黑手》（*The Moving Finger*）〔3〕

為了改變一個月兩次月經的情況，我必須注意身體。跟所有醫生一樣，我的醫生沒有解說得很詳細，他假定我跟他一樣了解女性的身體。我住在我的身體裡，照理說應該比任何人都更了解自己的身體。但是我沒做到。我都快三十歲了，卻對自己的身體一無所知。

我花了一個月了解女性的身體變化，這使我想起詩人布蘭娜・杜伊（Brenna Twohy）的一段話：「最適合用來形容女人的詞，不正是『堅忍』嗎？我們用了各種方式，忍受那些連自己都認為不可能忍受的事……」我的心情與情緒任由身體擺布，而我的身體正在處理複雜的工作。但我沒有忍受，反而積極抗拒。

我想女人多少都是這樣。我們都反射性地抗拒「女性化」，因為擔心自己的想法、情緒與感受全被貼上「受女性荷爾蒙影響」的標籤。我們不願承認月經期間的感受會改變，因為過往的經驗告訴我們，這會使我們遭受輕視。於是我們抗拒月經的影響。我們堅決否認。確實有人會因為這件事看輕我們，但這是因為他們不懂。如果我們了解自己，並且誠實面對自己，就會知道女性的身體是極其複雜而不可思議的生物組織，也因為如此，難免會有副作用。這是身為女性的神聖權利。

女性的身體不同於男性。我們每個月經歷一次週期性的荷爾蒙變化，這種不斷變化的週期導致醫學實驗的女性受試者人數偏低。例如：由於女性受試者的身體都處於不同的週期階段，女性代謝一種新藥物需要多少時間，預測起來會比男性複雜。承認自己在某些時期比較難受，怎麼會是壞事呢？我已經將近半年每個月來兩次月經，一直到最近我才發現，這意味著每個月我會碰到兩次經前症候群。

接受有經前症候群，就像接受我因為蛀牙而牙痛，或是因為盲腸炎以致腰部隱隱作痛。經前症候群跟其他疼痛一樣，是真真實實的身體狀況。隨著月經週期的不同階段，女性荷爾蒙大幅波動，約有二到四種生理變化。但孕期是例外，懷孕是最劇烈的人體變化。女性的皮膚布滿雌激素受體，在月經前一週，皮膚會經歷一波雌激素和孕酮濃度的起伏。這會導致過量的脂質與油質殘留在皮膚上，使我們的臉色看起來蒼白油膩，而且容易長粉刺。我們覺得自己變得不像自己，因為我們確實從裡到外都變成另一個人。

月經前一週，女性身體每日消耗的總熱量增加，胰島素抗性也隨著渴望與大吃甜食而上升。這一週叫做黃體期，有七五%的女性在這段時間感受到經前症候群。

3 譯註：《幕後黑手》繁體中文版由遠流出版社翻譯出版。

跟經期的其他階段相比，這段時間情緒比較負面、生理反應比較敏感。有研究讓女性在黃體期接受認知測驗，發現她們進行需要專注力與高度警覺的任務時，表現較差。她們也更容易犯錯，但這可能是因為她們答題較快、態度較隨意，這意味著她們具備一定程度的衝動性。

情緒高漲、焦躁不安、渴望擺脫身體束縛——這些都是女性在經期一定會有的感受。如果我騙自己說沒有這些感受，就等於拒絕接受事實帶來的理智。我應該知道，有這些感受非常正常。這是**我有月經**不可避免的副作用。

承認荷爾蒙波動會影響心情與感受，怎麼會是壞事呢？我們為什麼堅決不讓任何人（包括自己）知道我們現在的感覺異於平常？或是你每個月有幾天特別易怒，是因為體內的化學結構發生變化？與其拒絕承認，何不真心接受？

「真心接受」的意思是尊重。我年紀不小了，不該每個月都被月經嚇到。何況我這麼聰明，不該天真地否認月經的影響。為了幫助我恢復正常週期，醫生下達明確指示。下次月經結束的那一天，我必須開始吃藥。是我**真正的**月經，不是差不多兩週後的第二次月經。這表示我必須注意身體的情況。追蹤經期、購買月曆並記錄變化，帶領我和我的身體邁入新階段。身體的自然週期紊亂是一記警鐘，我不可以再搞砸了，要認真面對「身為女人」這件事。

月經app方便好用，觀察月經週期、了解週期變化、看著月經每個月都來報到，這個過程使我對自己的女性力量有了全新的認識：原來在我不注意的時候，我的身體就是這樣默默運作；如果我不尊重它，它是會故障的；只有在我滿足它的需求時，它才能完成自己該做的事。現在，月經準時出現時，我會感到自豪。我可以乘風破浪，而不是跟浪潮硬幹。我的身體有節奏和規律——而規律正是我的人生欠缺的。

規律使我理解眼前的情況與背後的原因。我不再懼怕那些過去我認為毫無緣由的感受。現在每當我感到渾身不對勁或情緒起伏，我可以看一下月曆，然後告訴自己這些感受都很正常。這些自然的症狀來自一個必然的過程。掌握身體的規律後，我可以依照這種規律，建立舒適的生活方式。

我是從羅莎莉歐身上學到這件事的。我在馬德里念書的那個學期，在她的兩房公寓住了半年。那半年裡，我對她的人生幾乎一無所知。由於她完全不說英語，而她說西班牙語時我只聽懂不到三成，於是我們只能進行高層次的對談。我知道她四十五歲，未婚，最近遇到真命天子。不過這段感情後來無疾而終，因為男方是蘋果，而她是柳橙。我知道她離開家族事業後，跑去念書想當律師，八個月後就要參加司法測驗，考試結果將決定她多年苦讀、以及提供交換學生住宿賺取學費是否值得。如果考不上，她就必須夾著尾巴回去家族事業上班。

我知道羅莎莉歐是個注重隱私的人。此外她也很自律，生活很嚴謹。她從不遲到，也從不早到。我和她的房間只隔著一道薄牆，每天早上六點，都能聽到她的鬧鐘準時響起，而且只響一聲，從未響過第二聲，她從不按貪睡鍵。

我走進廚房前，早餐已經放在餐桌上，每天都一樣：麵包、水煮蛋跟火腿。我拖著腳步走進廚房時，她早已坐在客廳一角的臨時辦公區念書。她的內在動力取代了其他一切事物——社交生活、飲酒作樂、拖延耽擱。每當我想穿上網購的ＡＳＯＳ緊身紅色小洋裝，去夜店Kapital或拉丁區的破舊酒吧玩，她的全神投入都會使我汗顏。原本在看書的她會抬起頭來，帶著慈母的表情問我要去哪裡，然後告訴我穿這麼短的洋裝出門會很冷。隔天早上我回到家，她仍坐在書桌前，跟我出門時一模一樣。

然後有一天，她變了。那天午休我從學校回來，準備吃點心、睡午覺，一進家門就看見她坐在沙發上，從來不開的電視傳出西班牙肥皂劇的聲音，她腿上放著一杯熱茶跟一盒吃了一半的餅乾。她說：「La regla。」我點點頭假裝聽懂，回到房間趕緊查一下這個生詞。

真是有趣，西班牙語的「月經」跟「規則」是同一個詞。羅莎莉歐遵循規則——身體的規則。我與她同住六個月，所以看過六次。同樣的西班牙肥皂劇，同樣的熱茶，同樣的餅乾。我見到她時，她也總是對我說：「La regla。」語氣彷彿這是什麼國定假日。

她理直氣壯地享受這樣的日子。這是每個月專屬於她的時間。她的目標、她的動力在碰到身為女人的生理需求時，全部都要排後面。月經是她的休息站，她學會把經期當成休息時間。羅莎莉歐的經驗使我想起「尤羅克」（Yurok）這個美國原住民部落，我讀過跟他們有關的文章，尤羅克的貴族女子會一起舉行儀式慶祝經期。她們將經期視為自我淨化的時間。我不知道西班牙人有沒有教導女生像尤羅克人一樣慶祝經期，或許她們是隨著年紀增長，自己體會出來的。或許尊重自己的身體，本就是需要時間才能學會的事。

我是在了解並接受身體的能力極限後，才學會尊重身體也有做不到的事。唯有接受我的身體是無比複雜的生物學奇蹟，我才能接受自己確實因此需要悉心照顧。身為女性必須以血付出代價，所以在戰鬥前，我們必須好好照顧自己，養精蓄銳。

我不可能曠職五天，也不可能拋下職責，但是可以放自己一馬。在我感到傷心或生氣或筋疲力盡時，可以安慰自己，說這些感受也是身為女性的考驗，而且我一定能克服它們。我完全可以直接回家、舔舐傷口。我可以稍微冷漠、焦躁、不安一點。讓身體的規律決定我應該如何照顧自己，等到恢復之後再重新面對世界。

找出你真正的睡眠時間

對我來說，完美的一天是夜晚。我不喜歡白天。我不是晨型人……午後也不行。
——芙蘭・雷伯維茲（Fran Lebowitz），美國作家

我對睡眠的感受跟經期一樣。我的睡眠不像有些人那樣自然、正常又容易。每當日光灑進窗戶的那一刻，我都會感到惱怒。我討厭這種被全世界孤立的感覺。一想到要躺在黑暗的房間裡我就害怕。每個夜晚都漫長得猶如二十個小時。

我向來很難入睡。從高中開始，我就習慣帶著筆電上床睡覺。搬到紐約後，這種病態的習慣愈演愈烈，光靠筆電已經不夠。現在我需要借助藥物。

傑伊總是自然入睡，毫無問題。這件事我天生做不到。我的身體抗拒睡眠，躺

在床上的那一刻依然毫無睡意。我在某篇文章裡讀到，男性入睡得比女性更快，因為他們白天累積的心理包袱比較少。每當我轉頭看見熟睡的傑伊，腦中都會閃過這個想法。想到他可以如此輕鬆將大腦關機，我感覺像是遭到背叛和羞辱。他竟然能這麼快就放下包袱。

成年人經常關心彼此的睡眠品質，我覺得非常合理。睡眠品質可能直接影響情緒。如果睡得好，任何問題都跟睡眠無關。如果睡得不好，任何問題都能怪給睡眠。我認識的女性大多跟我一樣有睡眠問題，我媽就是其中之一。每次晚上經過我爸媽的臥室，還沒睡著、坐著看電視的一定是我媽，她任由電視的光照在臉上。我們凌晨兩點溜進家門時，一定會被我媽發現。她經常抱怨自己整晚沒睡。我一直以為這是因為女人受到月亮影響。雖然我現在依然相信月亮是陰性，而且女人跟潮汐一樣和月亮關係密切，但我也知道，女性容易失眠存在著科學解釋：女性的大腦天生需要更長的時間才能入睡。

睡眠科學專家吉姆・霍恩教授（Jim Horne）說，女性習慣一心多用：育兒、工作、做家事、管理帳單、處理人際關係、維持友誼等等，所以大腦工作過度，需要更多時間才能冷靜下來。一心多用創造更高的動能，這意味著女性需要更長的跑道才能慢慢減速。正因如此，女性發生睡眠障礙的機率是男性的兩倍。除此之外，月經前皮質醇濃度會激增。皮質醇是承受壓力時分泌的荷爾蒙，會使我們的精神緊繃一整夜。

我知道睡眠習慣正在影響我，但不知道怎麼修正。失眠製造的那些問題令我懼怕，結果我怕得更加睡不著。

失眠就是建立在這樣的矛盾上。已故哈佛大學教授丹尼爾．韋格納（Daniel M. Wegner）說，失眠的原因是大腦無法停止思考跟它自己有關的事。我們愈擔心睡不著，大腦就愈不讓我們睡著。這個現象曾做過實驗，研究人員告訴受試者，他們將依照放鬆心情的速度接受評量。只要腦中存著「必須放鬆」的念頭，身體就會時時監督自己，反而不可能放鬆。換成睡眠，夜夜睡不好只會讓問題更加嚴重，因為你會為了「需要睡眠」而備感壓力。

魁北克拉瓦爾大學（Université Laval）的心理學教授查爾斯．莫林（Charles Morin）花了十年研究如何調整行為來改善失眠。他的研究重點是認知行為治療（CBT，cognitive behavioral therapy），他相信輾轉難眠的源頭，就是我們對輾轉難眠的恐懼。跟許多問題的答案一樣，解決失眠的方法不能往外找，答案在你自己身上。在使用CBT模型之前，他先請病人檢視自己的睡眠衛生（sleep hygiene）：改變哪些生活習慣與睡前習慣，可能有助於改善睡眠。控制飲食、運動、溫度、照明等因素都有機會提升睡眠品質，莫林認為在進行CBT之前，應該先注意和調整這些因素。把可能的影響因素先全部排除。如果他們不知道這些因素或許就是夜不成眠的罪魁禍首，醫生再怎麼幫助他們也沒用。當然，這些資訊我都讀過也都嘗試過了。

早上十點之後不碰咖啡因。戒酒。增加運動量。不在床上使用電腦。但就像我為了改頭換面而嘗試過的每一種飲食法和作法，這些改變我都只做了幾天就故態復萌。再多遮光簾、白噪音和冥想技巧，都沒辦法使我順利熟睡。我的問題不是出在環境，而是大腦。就算電腦螢幕的藍光會害我睡不著，我還是忍不住在床上使用電腦，因為我怕到沒辦法不抱著電腦睡覺。我必須先修正更大的問題，再設法改善睡眠衛生。我的不安源於恐懼。我害怕自己的思緒，害怕寂寞，害怕一次又一次做不到我理應會做的事。

研究發現，CBT治療可以減少錯誤的睡眠觀念，例如不切實際的期待（我每晚需要睡足八小時）、誇大失眠的後果（我睡不好就是在損害健康、縮短壽命），還有誤解睡不著的原因（遺傳、潛在健康問題等等）。正是這些恐懼導致大腦無法關機，陷入失眠的無限迴圈。我們之所以睡不著，是因為對睡不著的原因心懷恐懼。在克服睡眠障礙前，我得先克服恐懼。唯有擺脫贊安諾和NyQuil[4]等藥物，直接面對黑夜，才能夠釐清我的恐懼是什麼、以及如何克服恐懼。

夢的任務

我討厭睡覺的其中一個原因，是害怕作夢。作夢就像大腦播放一部我無法掌控的電影，我不喜歡這樣。我不喜歡在閉上眼睛後，有可能被丟進一個不舒服的情境裡。更重要的是，我討厭夢裡的沉重與不安一直跟著我，連續好幾天像舊背包一樣壓得我喘不過氣。

容易記住夢境的原因很多。研究發現，會記住夢境的人，也比較容易做白日夢、進行創意思考和自我反省；不記得夢境的人，比較專注於外在事件，不太會胡思亂想。此外也有研究指出，睡眠模式不規律的人，會在快速動眼期（REM，睡眠週期中作夢的階段）突然醒來，因此會記住更多夢境內容。如果我不記得自己做的夢，這件事大概沒什麼要緊，偏偏我是那種會記住的人。這一點無法改變。

能改變的是我對夢的理解，我發現夢本來就有好有壞。作夢不是為了娛樂，把我們拉進一個奇幻世界，裡面都是我們最喜歡的東西。夢肩負著任務：處理情緒，清除我們白天無暇應付的情緒包袱。

從早到晚，我們會經歷幾百次邂逅、尷尬、衝突、各種感受等等，可是我們不會靜下心來一一處理。夢幫我們處理這些大大小小的情緒。睡眠研究者羅莎琳・卡特萊特（Rosalind D. Cartwright）說：「夢以這種方式拆除事件埋下的情緒炸彈，睡著的人醒來後，能用更正面的角度看待世界，神清氣爽地重新開始。」

夢境不是什麼奇幻世界。夢是你的夜班同事，幫你整頓雜亂的大腦。汙漬、斑駁的油漆、滿溢的垃圾——白日裡你遭受的冒犯與輕慢。夢境試著重塑記憶，目的是幫你消除尚未解決的情緒衝突。大腦不可能複製一模一樣的記憶，只能編造引發相同感受的新記憶。

你在夢裡割破你老公的輪胎，但實際發生的是引發這種情緒的其他事件，或是讓你想要用這種情緒去回應的事件。白天你說了一句傷人的話，在夢裡這句話被一把刀取代，因為你的大腦不記得那句話，只記得那種鋒利的感覺。又或者你生命中某個重要的男性傷了你的心，你當下無法回應或報復。這就是為什麼我們一覺醒來，會對某個人有奇怪的感覺，而且有時候耿耿於懷、難以放下。

4 譯註：NyQuil是一種夜間服用的感冒成藥，有助眠效果。

我以前不知道夢的作用，以為作夢是潛意識的背叛。我很害怕，害怕一不注意，潛意識就會把那些怪物和感受全部召喚出來。現在我知道作夢對我有幫助，夢境把我不想處理的情緒、記憶與感受全部安置放好。

是的，我做惡夢──跟孩子一樣。畢竟，
活著這件事需要時間習慣。
除了在夢境的清晰之中，你還能
用什麼方法，看清躲在日光後面的
你身處的世界？
──黛博拉．艾森柏格，短篇故事〈亞特蘭提斯全境〉（All Around Atlantis）

別再努力睡著

我以前會怪傑伊害我睡不著。我們在一起第五年的時候，我告訴他我的人生目標是擁有一間兩房公寓，這樣我才有私人空間。我甚至建議我們可以像墨西哥畫家夫妻檔芙烈達（Frida Kahlo）跟迪亞哥（Diego Rivera）那樣分開住，兩棟房子中間用一條橋相連。我看過一篇文章說，夫妻分房睡會相處得比較融洽，婚姻也比較長久。伴侶的睡眠模式（翻身、滾動、打呼）會影響我們的睡眠，使我們不知不覺地討厭對方。

傑伊除了翻身滾動會干擾到我，還會強迫我早點上床睡覺，我認為這也是害我失眠的原因。他是晨型人，我是夜貓子。熬夜是我需要的能力，我喜歡夜裡開著燈工作。他阻撓了我身體的自然節奏。

但是傑伊開始去外地出差後，這個想法立刻站不住腳。我一樣九點上床，打開網飛看影片，躺到凌晨一點仍毫無睡意，一口氣追完一整季《同妻俱樂部》。我獨占臥室與床鋪一整夜，卻依然無法入睡。

依照莫林的說法，這是因為我九點上床，試圖用意志力強迫自己入睡。儘管我知道自己是夜貓子，還是把燈全關了，躺在床上，期待自己跟傑伊花差不多的時間睡著。問題是，你不可能命令自己入睡。事實上，強迫自己睡覺只會造成反效果。我改變習慣強迫自己九點上床，反而使我懷念以前對深夜的喜愛。

享受夜晚

傑伊出差回來後，我告訴他我想試試在沙發上睡覺，請他不要誤會這是因為我討厭他。我睡沙發的話，就算晚上不睡覺也不會吵到他。這紓解了我之前每天晚上睡覺前的壓力，雖然當時我不知道自己承受著這種壓力：我睡不著吵醒他，心中會有罪惡感。他每次翻身我都覺得是我吵到他。

我坐在客廳裡，想起自己為什麼會變成夜貓子。以前我會在夜裡點蠟燭，播放爵士樂，寫寫日記，然後繼續看書。這是我的私人時間，我愈常做這些事，就愈不會對夜晚降臨感到緊張。無論是上床睡覺，還是臨睡前的準備，心中都要把睡眠當成奢侈的享受。這是屬於你的時間。放下所有壓力。沒有壓力，只有你和你的床，什麼時候睡著都可以。你可以蜷縮身體，看最喜歡的節目。我重新建立自己與黑夜的關係，也就是我和月亮的連結。我不再害怕夜晚，甚至對夜晚充滿期待。

接受自己睡得不好

當我再次開始期待夜晚，便漸漸不再因為擔憂晚睡有害健康，而極度焦慮。我知道長期而言，擔心睡不著，絕對比每晚睡眠不足八小時還要糟糕。莫林的研究團隊發現，對失眠感到焦慮正是失眠的主因。

當你相信你所有的煩惱都來自睡眠不足，這些煩惱反而會害你睡不著。其實「正確」的睡眠時間因人而異，就像紅肉、澱粉和其他對健康有害的東西一樣，沒有標準攝取量。有些人一輩子每晚只睡四到六小時也沒問題。有些人每天睡十個小時，白天卻精神不好。科學家相信，一個人每天需要多少睡眠以及睡眠對身心的影響，都跟遺傳有關。每個人需要的睡眠時間不盡相同。雖然睡眠會影響心情，但我的煩惱並不能全都怪到睡眠頭上。

跟信奉斯多葛主義的人一樣，我接受命運。我寧願天天熬夜、英年早逝，也不願在黑暗中度過漫長痛苦的一生。會害死我的事情，擔心也沒用。在所有的缺點之中，睡眠不足肯定不是最糟糕的。我坦然接受這件事，帶著書、電影和工作走進客廳，打算熬夜到兩點、三點或四點……最後不到十一點就睡著了。

為身體建立規律

「每天在固定的時間花同樣的時間長度做同一件事，可為你省下許多麻煩。規律是一種生存條件。」

——芙蘭納莉・歐康納

我很想告訴別人，我是為了幫助入眠才養成喝酒的習慣，在睡眠品質改善後我就比較少喝酒了。我真的很希望這件事發生，於是我向傑伊鄭重宣布，我決定整個一月都不喝酒，跨年夜喝下最後一口（或一桶）酒後就戒酒，反正現在我不會失眠，不需要灌醉自己。

沒想到，我因為睡眠以外的事而需要喝酒。上班很累、緊張、玩樂、交際應酬。我僅僅堅持了十天，就開始在傑伊回家前，偷喝幾口烈酒或兩杯葡萄酒。我原本以為睡眠品質改善、焦慮減輕後，食慾會跟著變好。結果沒有。偶爾一天食慾不錯，然後兩天後就胃痛，接著是胃脹氣，於是食慾又變差了。我的身體是不是有什麼毛病，才會出現這些症狀與壓力？還是說壓力仍在影響我的身體？

我的朋友克萊兒認為，是我的身體在影響大腦。她說她就是這樣。她去看醫生，把能做的血液檢查都做一遍。她覺得自己一定有貧血，或是麩質過敏，或是小麥過敏，或是花粉過敏。總之她的身體不對勁，她想找出原因。

驗血結果一切正常。不過醫生給她一個建議：**戒糖**。

「那你現在感覺怎麼樣？」我問她。

「我目前已經戒糖幾個星期，心情確實跟之前不一樣。但這也可能是心理作用。」

「是啊，」我說，「但如果身心本來就有關聯，心理作用也會影響身體，對吧？」「psycho」是「心理」，「soma」是「身體」。我們以前認為「心身症」（psychosomatic）[5]指的是「臆想」疾病，其實這個字指的身與心之間的生理關聯——這樣的關聯已變得愈來愈具體，也愈來愈沒有爭議。

有愈來愈多證據顯示，我們體內的微生物會影響大腦功能。**目前已經發現，腸道微生物失衡與憂鬱、焦慮、情感疾患有明確關聯**。微生物學家暨神經科學家洛利．羅伯森（Ruairi Robertson）研究胃和大腦的關係很多年，尤其是腸道與腸道微生物如何影響生理與心理健康。他發現人類的大腦其實不只一個，而是兩個。我們出生時，身體會裹著一層來自母親產道的微生物，這些細菌會慢慢增生，最後成為大腸內部總重量約一．四公斤的無形器官，也就是我們的「微生物菌叢」（microbiome）。這就是我們的「第二個大腦」，它跟頭顱裡的大腦一樣，掌控著許多身心作用。有趣的是，頭顱裡的大腦重量也差不多是一．四公斤。

微生物菌叢指的是住在人體內的各種細菌、病毒與真菌。身體的健康、免疫系統和一般功能，仰賴種類多元的微生物菌叢能否維持巧妙的平衡。羅伯森認為，人體內

5 譯註：心身症意指與心理因素有關的生理疾病或症狀。

的細菌種類，或許會控制我們的思緒與感受。

十九世紀俄國科學家埃黎耶．梅契尼可夫（Ilya Mechnikov）主張，腸道微生物或腸道細菌是人體健康的關鍵，體內微生物的平衡有助於預防疾病。十九世紀中期，他研究了一群特別長壽的東歐人，發現他們每天都喝細菌發酵過的牛奶。於是，他自己也開始每天喝發酵過的牛奶，在那個平均壽命四十歲的年代，他活到七十一歲才辭世。

微生物菌叢是免疫系統的核心，這意味著腸道若是出問題，可能會引發全身各處細微的免疫反應，若時間夠長，有可能影響腦部健康。腸道也會分泌神經傳導物質，例如血清素。微生物菌叢失衡，或是腸道對某些食物反應不良，都會影響你的心情。梅契尼可夫指出，有些生活習慣會削弱腸道細菌（例如纖維攝取量過低），進而使我們容易罹患慢性病，也更容易焦慮。二〇一一年有一項研究叫做〈長期飲食模式與腸道微生物菌叢成類型之間的關聯〉（Linking Long-Term Dietary Patterns with Gut Microbial Enterotypes）。這項研究發現，微生物組成可以在短短二十四小時內發生顯著變化。比如說，停止攝取糖分與簡單醣類的人，情緒會變得比較穩定。

我去找醫生幫我做血液檢查，他說不要。嗯，其實他說好，但是他問我願不願意花幾百美元做涵蓋所有項目的血液檢查，就是克萊兒做的那種。他說想要釐清我為什麼無法增重，以及我的身體是否真的有問題，最好的方式是做飲食紀錄。有了紀錄，我們就能依據這些資訊決定該怎麼做。例如檢查我是否對常吃的幾種食物過敏，同時排除絛蟲和貧血的可能性。他也想追蹤我攝取的熱量，如果問題出在我吃得不夠多，那麼可以擬定一套飲食計畫，幫助我增加食量。

我必須花兩個星期詳細記錄自己吃了什麼，我幾乎立刻就注意到幾件事。我都是等到頭暈或餓到發怒時才吃東西，所以吃飯時間非常不固定；我幾乎不知道自己在什麼時間吃了什麼東西。我的飲食毫無規律可言。我很快就發現，為什麼到了晚餐時間肚子卻不餓：我下午兩點才吃午餐。晚上十點我餓得肚子咕嚕咕嚕叫，於是我睡不著，拿甜甜圈或泡麵充饑。我不吃早餐，或是早上只吃一根香蕉，然後自認這樣很健康。回診時，坐在候診室的我很想衝出診所處理一件「急事」：重新印出空白紀錄表，填入正常人的飲食習慣。我不會說謊，只是稍微美化一下，別讓醫生一眼就看出我很奇怪。但這麼做有什麼意義呢？我想要知道自己哪裡有問題，而不是掩飾更多問題。這份紀錄不會說謊。它揭露了我的真實情況，它不是什麼醫學謎團。

「你有正常進食，」醫生說，「只是吃得不夠營養。午餐只吃一份沙拉不算健康。沙拉提供的熱量，無法滿足你一整天的消耗。」他建議我每天吃兩湯匙亞麻籽，這是輕鬆攝取兩百卡熱量的好方法。他建議亞麻籽加到果昔裡一起喝，這是快速簡便的早餐。他也建議我多吃富含omega脂肪酸的食物，例如鮭魚跟優格。我在筆記本裡記下他的建議，帶著一種全新的使命感走出診所。

每次買了很貴的上衣或名牌長褲，就很想把衣服全部汰舊換新，你應該知道這種感覺吧？我改變飲食習慣後也有這種感覺。我想要掌控自己的飲食，想要重新開始，只吃最好的食物。我想要由內而外容光煥發。

我買了一台果汁機、亞麻籽、椰子水跟希臘優格，每天早起打一杯果昔，另外搭配維生素D跟魚油補充劑。出門上班前，我會記得拿一根高蛋白能量棒，想吃早餐時就吃它。（我還沒遇過早上六點起床肚子就很餓的女人。）我開始自備午餐，每個星期天就把一週的晚餐菜色安排好，對於上超市充滿期待。照顧自己的感覺很棒。不用再煩惱下一餐要吃什麼的感覺很棒。體重（過輕）不再是無法擺脫的負擔。放下這層擔憂後，我的體重終於開始爬升。

飲食紀錄的目的，是讓我思考自己在哪些時間吃了什麼，但這麼做還有另一種效果。它把飲食融入我的日常規律，就像月經和睡眠一樣，我不再需要費力思考飲食問題。因為飲食成為生活中理所當然事，我不再覺得做這件事很辛苦。

把吃東西當成費力的事，是這種壞心情和這一章的核心問題。就像希臘神話中吃掉自己尾巴的銜尾蛇，我們也正在吞噬自我。當我們感到躁動不安、沒有固定的時間表、沒有秩序、不修邊幅，就會變得思緒混亂。思緒混亂的人容易忘東忘西，例如搞丟鑰匙、錢包，月經紊亂，失眠，體重減輕。這些事情會使我們變得更加焦慮、更加混亂，進而流失更多體重與睡眠，形成惡性循環。

雖然我向來認為千篇一律地活著比死還慘，但是如同美國作家芙蘭納莉．歐康納所說，規律是一種生存條件。規律能使你再一次牢牢地站穩腳步。

不知不覺，我的生活建立起規律。現在，每天早上我在同樣的時間起床，比以前多了一個小時能用來沉澱心思，以更敏銳的心智迎接新的一天。我自己做早餐跟午餐，因為自己做飯而吃得更營養。我嚴格要求自己，每週三才能開始喝酒。葡萄酒變得更好喝。（而且我現在喝得少，可以買貴一點的酒來喝。）就算心情莫名變糟或情緒低落，心中仍感到一絲喜悅，因為我知道這只是由於月經快來了。我會買自己最愛吃的巧克力棒，期待這次月經來報到，我要狂看原本就排好在經期看的節目。現在我的生活各方面都充滿意義，都很特別，也都有條不紊。我在為生活建立秩序的過程中，也為身體建立了秩序。

轉念之後

放輕鬆，不要對抗生命中的潮起潮落，順其自然——這樣就夠了。會壞事的是緊張焦慮。

——凱瑟琳・曼斯菲爾德，短篇故事〈海灣〉（At the Bay）

現在我要照顧我自己。

——茱麗葉・德魯埃（Juliette Drouet），法國演員

心情愉快對身體健康的助益無與倫比。

——安・白朗特（Anne Brontë），《艾格妮絲・格雷》（*Agnes Grey*）[6]

6 譯註：《艾格妮絲・格雷》繁體中文版由好讀出版社翻譯出版。

CHAPTER 7

突發事件：為什麼全世界都跟我作對！

The Mood: Unforeseen Circumstances

症狀包括：路怒症、機場崩潰症，
想要大聲怒吼：「人生太不公平」。

聽聽別人的經驗談

我厭倦了衡量、控制、做正確的事。有一部分的我只想撕裂摧毀，像野狼一樣嚎叫！

——梅伊・薩頓，《痊癒日記》（*Recovering: A Journal*）

我不喜歡自己過得這麼苦，因為跟別人的苦比起來，我的苦雖然微不足道，卻依然使我痛苦。

——梅麗莎・布羅德（Melissa Broder），〈我不討厭我的脖子〉（I Don't Feel Bad About My Neck）

那個女孩有點奇怪。很愛生氣。一點點驚嚇就能讓她大發雷霆。

——瑪格麗特・愛特伍，短篇故事〈葛楚的反擊〉（Gertrude Talks Back）

今天是我二十八歲生日。前幾天傑伊問我想怎麼慶祝，我猜他心中偷偷期待我說「不用慶祝」。一開始我確實說不用慶祝，但十五分鐘後我走回臥室，站在門口告訴他，生日那天我想去喝調酒，而且要去廣場飯店喝。我想穿內搭褲加洋裝，擦大紅色口紅，搭地鐵去第五大道，走過中央公園的轉角，穿過黃色熱狗攤子冒出的油煙，然後跟令我傷心的觀光馬車擦身而過，最後拾階走上廣場飯店鋪著紅毯的樓梯。

傑伊問我的那天是星期三，到了星期六早上，我發現我不是**想做**這件事，而是**需要做**這件事。二月的天氣很冷，天色陰暗，我的心情跟窗外的景物一樣死氣沉沉。漫長的十二月與更加漫長的一月終於過去了，這兩個月我穿著運動長褲，窩在雜物漸多的公寓裡。步行五條街去超市跟藥局或是去酒吧喝酒，感覺不像在社區散步，更像是監獄放風。出門，進門，出門，進門。腳下是灰色的水泥人行道，頭上是灰色的天空。我需要離開布魯克林，暫時跳脫日常生活。冬天的下半場在我眼前無限延伸，猶如一片荒漠。廣場飯店感覺愈來愈像一道溫暖柔和的陽光，能使我恢復活力。如果我們沒辦法去熱帶島嶼度假充電，在我心目中，僅次於熱帶島嶼的地方就是廣場飯店。這是支持我繼續前進的小小動力。

有些人喜歡迪士尼樂園，而我喜歡飯店。飯店很神奇，很有安全感，而且有家的感覺。我剛搬到紐約時，沒有男朋友、沒有朋友，也沒有固定工作，如鉛般沉重的寂寞滲入骨髓，我經常不知不覺走進飯店。我會半夢半醒地穿過旋轉門，走進涼爽的大理石門廊，把背包放在厚厚的絨布沙發上，然後徹底放鬆。戴著手套、圍著圍巾的遊客，攜家帶眷從我身旁經過，彷彿也帶走了我的壓力、痛苦、恐懼。茉莉花和乾淨桌布的氣味沖刷我的身體，洗滌我的心靈。柔和的燈光從天花板傾瀉而下，籠罩花束，像歡迎我回家的溫柔擁抱。我可以在這裡坐好幾個小時也不會有人來煩我，不會有人問我是否需要桌子、飲料、客房。在他們眼中，我只是個普通的客人。而且跟真正的客人一樣，我在這裡感到賓至如歸再正常不過。

廣場飯店是我最喜歡的紐約飯店。我喜歡它那氧化成薄荷綠的紅銅屋頂，很有紐約特色。我喜歡它位在中央公園與第五大道的路口，那麼雄偉、莊嚴、從容。我喜歡旋轉門的外面是凡囂塵世、狂按喇叭的計程車、招攬生意的導遊，而旋轉門內永遠如此安靜。無論外面的世界發生什麼事，都撼動不了廣場飯店。這裡始終如一。走進廣場飯店就像進入另一個世界，人生輕鬆美好，使你記起自己為什麼來到紐約，為什麼這些混亂、痛苦與忙碌都是值得的。因為紐約有這樣的地方。因為手裡拿著購物袋跟地圖的遊客從世界各地來到這裡，這個你稱之為家的城市。我想你可以說，廣場飯店重振了我的信心，不只是我對紐約的信心，還有我對人生的信心，尤其當我覺得被人生壓垮時。

我甚至不在乎調酒好不好喝。它的酒吧位在飯店的另一區，一個暗暗的、紫色的地方，放了很多絨布椅。我會在這裡點馬丁尼，就跟我在不管哪家酒吧點的一樣。重點不是調酒或酒吧本身，而是那個時刻、那種感覺。於是我們踏上鋪著紅毯的階梯，夜風吹起我的裙襬和傑伊冬季大衣底下的休閒西裝外套，沒想到我們來到門口時，一位戴著黑色禮帽、身穿黑西裝的男士舉起手阻擋我們，他說廣場飯店暫時關閉整修。這時，我心中生出一種非常不一樣的感覺。

我立刻察覺到這種感覺。洶湧的怒火和恐懼。你自信滿滿，卻一頭撞上意外。殘酷的現實突然殺出，把我一拳打倒在地。在機場候機，聽到航班延誤的廣播時，我也會有這種感覺。期待已久的朋友聚會臨時取消時，我也會有這種感覺。就好像我一直盯著某樣東西，很想得到它，它看似近在咫尺卻在我即將捉住它時飄走，於是我氣急敗壞、痛苦萬分。這種幼稚而難以擺脫的、「人生真不公平」的心情。

壞心情要告訴你的事

我們站在廣場飯店的階梯上，傑伊跟黑色禮帽先生閒聊，想多了解一下情況，但我只感到怒火中燒。怎麼會發生這種事？我們大老遠跑這一趟算什麼？我只不過想要喝一杯調酒，這麼簡單的願望也無法達成？我知道這件事沒什麼大不了。我知道在漫長的人生中，這件小事微不足道，但我就是覺得這件事意義重大，不光是表面看來這麼簡單。

不是因為調酒，甚至不是因為廣場飯店，而是因為我的人生好像諸事不順。在經歷過那麼多次失望後，這件事只是最後一根稻草。我的書還沒賣出去。我還在當我爸的助理。我還住在那間布魯克林的一房公寓裡，至今已經五年。我那麼努力，在紐約住了那麼久，卻好像一個目標也沒達成。現在就連想在廣場飯店簡單地喝杯酒，都成了奢望。

傑伊跟門房聊完後，走過來跟站在階梯底部的我會合。我死盯著中央公園裡的枯樹，他的觸碰打開了開關，我淚如雨下。他抱住我，我哭得更用力、更大聲，眼淚與鼻涕弄髒了他的外套。「我們去別的地方喝酒吧，」他牽起我的手走上五十九街。迎著寒風，我悶悶不樂、腳步沉重地跟著傑伊往前走。挫敗感使我垂頭喪氣。

「我們先在這裡喝一杯，順便重新想個計畫，」他說。這是一間閃爍綠色霓虹燈招牌的廉價酒吧。走進酒吧，我的心情雪上加霜。這裡跟廣場飯店天差地遠。我轉頭去看現場演奏的樂團時，一陣大聲喧嘩傳進我的左耳。今晚是鄉村歌曲之夜，但是另一頭的電視正在播放運動賽事。一群穿著球衣的男人高聲叫喊、開心擊掌、齊聲加油。傑伊在兩群人馬中間找到一個空座位。他幫我拉開椅子，然後站在我身後，手裡拿著電話。

「我們一定可以找到另一家飯店，我來訂位。」

「沒關係，」我帶著鼻音說，「反正一切都毀了。」酒保將我的威士忌遞過來時，我的自怨自艾已演變成憤怒。「你為什麼沒有先查好？我只是想在廣場飯店喝一杯酒，就這麼簡單，你居然連飯店有沒有開都沒確認好？」

傑伊的耐心不是無底洞，就算今天是我生日。對他和每個人來說，這不過是個小小麻煩，不足以影響美好的人生。一個健康的年輕女子和老公一起住在紐約市，她想去喝酒的地方沒開，所以老公也無能為力。「你是個被寵壞的小孩，」他說，「你被寵壞到毫無承受力。你以為這是我對週六夜的期待嗎？看著你為了一家該死的酒吧大哭？」

「這跟酒吧沒關係！」我大叫，「是因為這種事老是發生在我身上。不管我多努力，就是不會成功。」

「人生本就不公平！每個人都一樣！你看開吧！」他吼回來。說完他就大步走出酒吧，留下我一個人喝兩杯雙份威士忌，思考為什麼我要把這件不足掛齒的小事當成世界末日。一如往常，我反應過度。我讓一件小事演變成痛苦的折磨。我又浪費了一個晚上，又破壞了一場回憶。可是，我的怒氣仍未消散。為什麼我如此介意這件事？我為什麼會認為這些人生中的小事，全都是衝著我來？我發現，事件本身其實沒那麼重要，重要的是我如何詮釋它們。

有項研究調查了哪些因素會造成不成比例的情緒反應，結果發現會導致過度反應的四大因素是不公平、不禮貌、失去尊嚴和遭受拒絕。你會覺得：

不公平，是因為某個人或某件事讓你覺得自己吃虧，或是有人違反了你自認乖乖遵循的社會規範。因為如此，當你發現比你資淺的同事居然先你一步升職，搶走你想要的職位，你會想要辭職。

不禮貌，是因為某個人或某件事讓你覺得你沒有得到應有的尊重。你的另一半沒有在輪到他們清空洗碗機時，將乾淨的碗盤拿出來歸位。你的孩子對你擺臉色，或是不接你的電話卻還想跟你要錢。你的老闆要你做有失身分的事。你情緒爆發，不是因為表面上的那件事，而是你因為無禮對待而醞釀已久的情緒已達頂點。

失去尊嚴，是因為某個人或某件事顛覆你對自己的信念。例如你覺得自己今晚美若天仙，在酒吧裡卻乏人問津。又或者當你期待上司讚美你的表現，卻收到一封語氣嚴厲或表示失望的電子郵件。

遭受拒絕，是因為某個人或某件事讓你感到自己被排擠。例如朋友相約吃晚飯卻沒約你，或是沒有被第一志願的研究所錄取。那種沒有被選擇、被邀請、被許可的感覺令你難以承受。

這種壞心情跟評斷有關，跟我們認定眼前的情況是否公平有關。我們的情緒反應，來自我們對情況的詮釋。心理學教授艾德・迪納（Ed Diener）與蘭迪・拉森（Randy

Larsen）在《性格與社會心理學期刊》（*Journal of Personality and Social Psychology*）發表論文指出，面對相同的事件，情緒反應的差異與詮釋上的差異密切相關。他們的研究請受試者記錄一個星期的生活，包括各種情緒反應，然後再給受試者看令人不安的圖片，衡量他們受影響的程度。

研究者觀察到一個模式：一週日記裡有較多情緒反應的人（被視為高度情緒化），會注意到圖片裡最糟糕的部分。高度情緒化的受試者也比較容易把事件跟自身連結在一起，而不是客觀看待。例如看到遊民的照片時，他們看見的是遊民所反映出的社會，以及這樣的社會有多糟。他們會因此想起這個世代生活在一個欠缺保障的社會，說不定有一天，他們也會淪落街頭。心理學家丹尼爾．高曼（Daniel Goleman）曾在《紐約時報》發表過一篇文章〈感知與思維對情緒強度的影響〉（Intensity of Emotion Tied to Perception and Thinking），文中他寫道：「跟情緒強度低的人比起來，情緒強度高的人似乎擁有比較複雜自我意識，生活方式也比較複雜。」

塞在車陣裡的時候，我們除了想到上班會遲到二十分鐘，也會想到兩個月前也曾遲到過一次，自己很可能已被老闆盯上。在老闆偷偷記錄的違規清單上，這將是最後一根稻草，老闆會把我們叫進辦公室直接炒魷魚。我們面對的不是塞車，而是失業。

我們面對的不是飛機延誤，而是失去六個小時陪伴孩子的時光。我們面對的不是冷氣故障，而是永遠還不清學貸的原因之一。無論任何時候發生的任何事件（交通工具延誤、信用卡被偷、對方已讀不回、訂位遭到遺忘），觸發情緒的都不是事件本身，而是我們對事件的評斷：多麼不公平，多麼無禮，後果多麼可怕。

眼下我面前的情況沒有人死，沒有人生病，也不值得任何憐憫。我只是個對生命毫無招架之力的女人，可以因為天氣不好，就用壞心情度過整個假期。有句老話說：「看一個人怎麼處理三件事，就能評斷他的人品：度假下雨、行李遺失、打結的耶誕燈飾。」如果這句話是對的，那麼別人會如何評斷我的人品呢？

我曾因各種不值一提的小事情緒激動，例子多到不勝枚舉。交通延誤、邂逅的對象沒有留下聯繫方式、碰到詐騙，這些全像是刻意針對我的個人羞辱。最輕微的一陣風都能把我吹得心情惡劣，更別提失業或是淹水之類的嚴重事件。我不想再當這樣的人。我想成為堅強的女性，一個帶著尊嚴處理危機與災難的女性，一個就算行李遺失、也能雲淡風輕地說：「沒關係，只不過是一些衣服」的女性。

如果連碰到最嚴重的大事也能穩重自持，碰到小事肯定不會失態，例如臉上長一顆痘痘，或是家族聚會場面尷尬。其實這些壞心情，都可以視為我們對突發事件的無能為力。我想，你可以說，所有壞心情不論開始或結束，都取決於我們如何評斷觸發壞心情的刺激。這顆痘痘真有那麼大嗎？這場家庭衝突真有那麼嚴重嗎？他說的那句話，真是那個意思嗎？

我二十九歲生日最後的壞心情，剛好就是這場旅程的終點。這次的刺激是個無法立即解決的問題。這一類問題（婆婆突然來訪，婚禮當天下雨，被公司資遣）無法解決，只能接受。眼前的情況不是我造成的、想要的或自找的，而是我必須處理的。我可以一路怒吼，也可以保持耐心、風度和優雅。我無法改變情況，只能改變我的反應。

飛機誤點很掃興，卻可以在機場悠閒地再喝一杯酒。婆婆突然來訪害你週末沒得休息，卻可以借此機會讓老公看看你很愛他的家人。

「人生本就不公平」這句話對我向來無效。碰到失控或不公平的事，這句話安慰不了我。儘管如此，我還是從人生中體悟出一個道理：只要願意認真找，凡事一定有光明面。人生是不公平，但如果你願意尋找，一定能找到公平的地方。我實在無法接受壞事的發生毫無緣由，所以我決定換個角度思考。我強迫自己為壞事的發生另外找個意義，進而理解壞事為什麼發生。唯有這麼做，我才能把生命中最悲慘的時刻，變成最有意義的時刻。

帽子上的羽毛

先學會克服小問題，一次前進一公分。久而久之，碰到大問題的時候，你已做好充分準備。

——凱薩琳・鄧翰（Katherine Dunham），美國舞蹈家

廣場飯店的故事不適合用來炒熱聚會氣氛。人生中大部分的麻煩小事，連說給心理治療師聽都嫌不夠精彩。但後來發生了一件大事，它使我明白生命中最糟的事就像考試，倘若能夠通過，就能把證書掛在牆上。

這件事發生在我過完生日的三個月後。有個叫做吉娜的女士透過領英（LinkedIn）〔1〕傳了訊息給我。「我很喜歡『女人說』，」她寫道，「我是一家大型事務所的律師，如果你想把『女人說』這個品牌做大，我很樂意幫忙。」她激起我的好奇心。我回覆說我無力支付酬勞，也不知道該怎麼做，但如果她已有想法，我願聞其詳。

我們碰面喝了咖啡，她極力說服我。「我覺得你很有才華，」她說，「我認為『女

1 譯註：領英是以求職和徵才為目的的商務社群網站。

人說』大有可為。」她說了一次又一次。然後她稱讚我很漂亮。非常、非常漂亮。我臉紅地告訴她，我當然希望『女人說』有一天能賺進收益，但目前它只不過是我的個人興趣而已。是我為這本書尋找靈感時，用來抒發各種心得的地方。它只是個小小的部落格。我不是商人，也肯定沒辦法付她酬勞。「沒關係，讓我持股就行。」她說。

因為她是律師，她提出由她來擬定合約。也因為我不想付三百美元請我的律師做這件事，所以我沒有反對。我同意給她「女人說」二五％的股份，前提是她能找到資金。我的想法是，反正「女人說」只是做興趣的，如果吉娜真能籌到資金，讓她占股也很合理。吉娜同意這個條件，後來也繼續傳各種樂觀的簡訊過來，例如她對這項計畫充滿期待，還有她認識哪些投資人等等。接著，她開始寄文章給我，內容是我們可以參考甚至超越哪些公司。我知道吉娜是厲害的律師，因為她用在我身上的招式全數奏效。當她把合約寄給我時，我腦中塞滿各種想法、希望與計畫。我興奮到整個人飄飄然，根本沒有心思詳細看合約。所以我直接簽名就寄了回去。

我才不要看長達四十頁的合約。吉娜是好人，是我新交的好朋友。除此之外，吉娜的男朋友也跟我男朋友處得很好。所以我不只交了一個新朋友，我們還是情侶檔朋友。一切看似完美，直到有次吉娜喝醉了。更確切地說，是她喝醉後，向我透露她想寫一本書。「我以為你想幫忙擴展『女人說』？」我問。當時我們在中城區一家燈光昏暗的酒吧喝酒，她工作的事務所就在旁邊。「我想呀，但我也想寫一本書。」她說完又喝了一口馬丁尼。「我想我可以寫一本關於女律師的書，一定很精彩。你知道，我身邊都是位高權重的男人，」她在我耳旁口齒不清地說，「我知道不少內幕。」

「喔，好吧。有幾分道理。確實令人期待。」我假裝有興趣，但其實早已心煩意亂。她想做我正在做的事，而我希望她能做她承諾要做的事。

「我可以看你寄給出版經紀人的書介嗎？」她問。

「喔，可以呀，只是我還沒寫好。如果幫得上忙，我會寄給你。」

我很容易被她迷倒。而且我覺得她看到足足五十頁的檔案後，會直接打退堂鼓。

兩週後我們跟她和她的男友碰面喝酒。「我寫完我的書介了，」她興奮地說。此時我們兩人的男友並肩坐在卡座另一側，聊著二次大戰紀錄片。

「哇，你動作真快！太好了！」我繼續假裝有興趣。

「我很想寄給你。朱利安叫我別寄，可是管他的。」她醉到咬字含糊。

「寄給我吧！」我說。其實我不想跟她聊這件事。她怎麼可能只花兩週就寫好書介？我花了足足六個月呢。

隔天上班時，我一時無聊決定打開她的書介。這封電子郵件是用轉寄的。她在寄給我之前，先寄給別人？我往下滑看看最初的那封郵件。是寄給創新藝人經紀公司（CAA）的一位經紀人，這是全球規模數一數二的經紀公司，我自己在找出版經紀人的時候，根本不敢奢望這家公司。她告訴CAA她寫了一本書，而且她是「女人說」的共有人。我的天空霎時一片黑暗。肯定是哪裡出錯了。我打開附件的檔案，毫無疑問，這個檔案幾乎跟我的一模一樣，只是換成她的名字。

我不假思索立刻寄一封信給她：「嗨，吉娜，我剛看了你的書介。我必須說看到你說你是『女人說』的共有人，我有點驚訝。根據合約，你的持股前提是籌募到資金。而且就算你籌募到資金，你也不會是共有人。我經營『女人說』已經四年，但是我三個月前才認識你。」

兩小時後，她回信了：「請看合約。我擁有『女人說』二五％的股份。你簽了合約……記得嗎？」她居然有膽在這封郵件的最後用「嘆氣」結尾，彷彿不敢相信我連這種事也不懂。

我一把鼻涕一把眼淚地寫信給我的律師。「可以請你幫我看看這份合約嗎？」三十分鐘後，律師回電告訴我，我簽的不是合約，而是一份有限責任公司的修訂文件。

簽了這份文件，等於我同意她成為公司的共有人。

我在腦中翻找之前的記憶。朱利安叫我別寄，可是管他的……讓我持股就行。我的律師說她愛莫能助，因為這是一份在紐約簽的合約，紐約的契約相關法規跟加州不一樣，而我的律師在加州執業。就算我宣稱我對合約的內容並不知情，也必須由紐約的法官來審理。法官？！她介紹了一位在紐約執業的律師朋友，這位朋友表示她的聘用費是六千美元。我向她道謝，然後說我要考慮一下，掛上電話後我再次大哭。我非常憤怒，熱淚滾滾流下，哭得上氣不接下氣。然而，就在這時候，我有一種靈魂出竅的感覺。我遠遠地看著自己，如同誦經般不斷重複英國作家維吉尼亞・吳爾芙（Virginia Woolf）的那段話：「有些事不得不處理，這將是一段冒險與進攻的過程。」

就是這樣，我遇到人生的考驗。是那種我知道終將會發生的事，只是這次不是死亡、疾病或破產，而是比較輕微的災難。這只是第一次，以後我還會碰到很多次。要是我連這一次都處理不好，以後碰到更嚴重的問題肯定束手無策。於是我拿出積蓄，打電話給律師，奪回屬於自己的東西。過程很痛苦、很昂貴，我希望這件事從未發生過，但它就是發生了。對此我感到欣慰，因為我學到寶貴的教訓：**任何文件都要先看過再簽名**。

幾週後，心裡的痛慢慢消退，雙方也達成和解，我發現我可以在跟朋友吃晚餐時，描述這段經歷。但這次我沒有哭。我把這個故事講得很誇大，邊講邊笑，時而停頓營造戲劇效果。兩天後，我朋友的朋友聽她轉述這個故事後，問我能否提供律師的聯絡方式。她也碰到類似的事，想聽聽我的建議。我成了帽子上插著羽毛的前輩。

這種說法源自美國原住民，他們有個習俗是每次殺死敵人後，在頭飾上插羽毛，因此頭飾愈大、愈華麗，戴著頭飾的人就愈尊榮。獵人也承襲了這個習俗；打獵時率先獵到獵物的人，會把羽毛插在帽子上展示。這是一種光榮，一種勝利。

久而久之，這些經驗會慢慢沉澱內化。一開始，它們是我們以為永遠無法克服的困難。然後，它們成為我們以為永遠無法釋懷的經歷。最後，我們因為它們變得堅強。事發至今一年多，吉娜成了我帽子上的一根羽毛。我努力奮戰，雖然滿身傷痕，但最終浴火重生，到達彼岸。老實說即使到了現在，這依然是我專業生涯中最慘烈的遭遇。這是我第一次必須跟律師打交道、上法庭；也是我第一次發現，有人會為了自身利益而傷害你，這是很痛的領悟。現實狠狠甩了我一巴掌。不過，我也因此比朋友更早學會這一課。他們以後也會碰到屬於自己的試煉、恥辱，以及現實世界中代價慘痛的錯誤。當這些事發生時，我是那個認識好律師的朋友，我是那個能提供建議的人，我是那個有經驗的人。由於我先經歷過，所以我能當他們的老師。

成為堅強女性跟白手起家建立財富一樣，並非一蹴可幾。需要歷經千辛萬苦，年復一年的努力奮鬥。變堅強的那一刻，不會有人為你鼓舞喝采。堅強翩然降臨，就像關節炎或智慧一樣，經過了那麼多時間、那麼多事情、那麼多時刻，你無法確知它何時到來。但現在你已變得堅強。你知道如何耐心等待。你提出明確的要求。你不管身在何處都井井有條、從容不迫。尷尬、不舒服或出乎意料的場面，都嚇不倒你。

你之所以堅強，是因為克服了那麼多困難。你排過那麼多次隊，知道煩躁無濟於事。你爆胎過那麼多次，知道道路救援遲早會到（如果你手藝不錯，也可以自己換輪胎）。你經歷過那麼多難堪的場面，早就不在意別人怎麼想。有人說練習一萬個小時就能精通一門技藝，同樣的，經歷過一萬個難受的時刻，你就能獲得力量。倘若你能把每一次延誤當成磨練耐心的機會，把每一次分手當成練習獨處的契機，漸漸的，每當你碰到糟糕、不舒服、突發的事件時，便會為了擴增自己的智慧、知識與個人發展，將它們一一收藏。或是像美國藝術家珍妮・霍哲（Jenny Holzer）所說的：「當你開始喜歡苦痛，生命才會變得有趣。」

珍惜的時刻

對我來說，交界空間非常重要。巴士站、火車、計程車或候機室都是很棒的交界空間，因為你對命運抱持開放態度，無論發生任何事你都能接受。

——瑪莉娜・阿布拉莫維奇（Marina Abramovi），南斯拉夫藝術家

不是每個事件都能成為帽子上的羽毛。有些事件就是不斷掃興的惱人小事。比如說有次我爸媽出遠門，我跟傑伊去費城幫他們顧狗。那天是週五，由於我們一整個星期都沒休息，我們決定去看場電影。那天晚上很適合看電影，而且這是我們共同的喜好。

但是我們跟這裡的電影院不熟，甚至跟這座城市不熟。GPS說電影院十分鐘後才會到，而我手中的電影票說電影將在十分鐘後開演，這時我感覺到一股溫熱的煩躁能量從腳底往上衝。每當我認為情況失控，這股能量就會出現。我腦海裡上演各種情境，畫面愈來愈鮮明。最逼人的情境是：走進電影院發現所有位子都有人，只有第一排剩下兩個空位。光是想到這件事，就令我坐立難安。我沒辦法用那種姿勢坐兩個小

時。我為什麼要像鴕鳥一樣伸長脖子？

「你快點找到停車場呀！」我大聲說。

「這裡我不熟！你為什麼老是這樣？」

「我又沒怎樣。」

停好車後，傑伊一聲不吭。他沒有大吼大叫，只是搖搖頭。「我以為你已經好多了。顯然你一點也沒變。」

「我現在沒空聽你說教，」我語氣很兇，「你又想坐在第一排嗎？」

「這裡不是紐約！不會像紐約那樣客滿。」

「你怎麼知道！」我反駁。我們隔著兩公尺，勢如對峙。

我們走進二號廳時，我滿臉脹紅。我不敢抬頭看傑伊的眼睛，所以看著他泰然自若的身影走向面前的數百個空位。我們坐下後，我拐彎抹角地向他道歉。

「我想你說對了，這裡不是紐約。」

他冷哼一聲。

「我知道你討厭我。」

「我不討厭你，」他說，「我只是不喜歡你的態度。但我早該知道你就是這樣。」

「怎樣？」

「毫無抗壓力。」

「我有抗壓力。」

「你沒有，你碰到一丁點小事都像是世界末日。」

他說得對。坐在我以為會客滿、但其實空蕩蕩的電影院裡，我感受到我們之間發生了變化。我看得出，傑伊對我的愛少了一點點。就算電影院人很多，我為什麼要那麼生氣？還記得你以前只要跟他坐在同一輛車上就很開心嗎？還記得以前只要能約會就很興奮，坐哪裡都無所謂嗎？為什麼兩個人在一起還不夠呢？

兩個人在一起就已足夠，是我忘記了。我太習慣有傑伊為伴，跟他在一起時太忘我，所以把他的陪伴視為理所當然。我把他的愛視為理所當然。但是，他的愛是我唯一真正想要和需要的東西。這部電影並不重要。對我們的愛情來說，看電影坐哪裡根本無所謂。為什麼我老是為了這些微不足道的小事生氣，破壞跟他相處的每個時刻？

我想起每次碰到讓我們覺得簡直世界末日的事情時，我媽說的那句話：至少你很健康。這是最重要、也是唯一重要的事。失去健康，才會明白其他的事都是次要。

有時候我很好奇，這些麻煩小事的意義是不是：等我們把一切打亂後，才能看清生命的本質。這世上彷彿有一道看不見的牆，步調太快的人都會撞上。這道牆能防止我們墜下懸崖，幫我們重新站穩腳步。

每一個失去的時刻，都是珍惜的時刻。哀悼亡者時，我們珍惜生命。為世界的現況悲嘆時，我們花點時間珍惜好鄰居。最悲慘的事發生時，我們珍惜依然擁有的美好。美好變得更加重要。**你需要危機來減緩速度，使你在失去的時候，懂得珍惜所有。**

另闢蹊徑

「處理障礙最好的方式，是把障礙當成墊腳石。嘲笑障礙，踐踏障礙，然後讓障礙引領你到更好的地方。」

——伊妮．布萊敦（Enid Blyton），《加里亞諾先生的馬戲團》（*Mr. Galliano's Circus*）

可以確定的是，我愈來愈擅長處理生命丟給我的變化球。我甚至慢慢從掌握、克服和處理麻煩的過程中，感受到些許樂趣。不過，還是有些事會使我煩躁。例如當我覺得這些小麻煩害我錯過其他事。我可以耐心排隊，但是當比我早五秒抵達、排在我前面的人買走最後一張電影票，我依然會感受到那股怒氣。我可以在車陣中耐心等待，但前提是家裡沒有事情在等我。當我覺得麻煩小事阻撓我去做重要的事情，壞心情就很難壓抑。

有天下午我逃避寫作，所以忙著看跟茱莉·安德魯絲（Julie Andrews）[2]有關的東西。有一支她的模糊黑白片在網路上流傳，是一九六四年的金球獎頒獎典禮，我看了三次。我之所以看這麼多次，一半是因為她走上舞台時散發的真誠喜悅，一半是因為我不太了解為什麼人們會分享這支影片。那只是一段領獎致詞，內容無關政治，也不驚世駭俗，只有短短幾句話。在網路上快速搜尋後，我發現這支影片瘋傳的真正原因。

先介紹一下這件事的背景：一九六三年，也就是頒獎影片的前一年，安德魯絲曾參加電影《窈窕淑女》（*My Fair Lady*）女主角伊莉莎（Eliza Doolittle）的試鏡。雖然安德魯絲正處於從劇場轉戰電影界的過渡期，但她是百老匯連續演出伊莉莎時間最長的演員，還贏得六座東尼獎，所以這部電影應是絕佳良機。

華納兄弟的老闆傑克·華納（Jack Warner）買下這部音樂劇的電影版權，不過他心中已屬意另一位演員擔任女主角。因此跟許多試鏡的演員一樣，安德魯絲沒有得到這個角色。傑克・華納屬意的女主角是奧黛麗・赫本，她的唱功無法在這部電影中親自演唱，需要配音代唱，但是傑克・華納認為，女主角應該由比安德魯絲更知名的演員擔綱。

我們無從得知安德魯絲對這個消息做何反應。沒有文字紀錄告訴我們，她在掛掉通知試鏡失敗電話後，有沒有打電話向母親哭訴，或是跑去酒吧大醉一場，還是告訴經紀人她要放棄轉戰電影界。我們只知道，無論她有什麼負面反應，都沒有持續太久。因為那一年迪士尼選她擔任《歡樂滿人間》(*Mary Poppins*)的女主角。這部電影後來成為迪士尼的經典作品，贏得十三座奧斯卡獎，包括最佳女主角。

這支網路瘋傳的影片，是安德魯絲一九六四年獲頒金球獎的致詞影片。它之所以感人，不只是因為這個努力的年輕演員迎來事業上的大突破，也因為她非常努力。她最初試鏡《窈窕淑女》遭拒的戲劇化過程傳遍好萊塢，所以當她上台致詞、感謝每一位相關人士時，台下眾人都有些緊張。但是她在致詞最後說了一段話，現場因此爆發笑聲與掌聲：「最後我要特別感謝一個人，他不但拍了一部優秀的電影，也是我今天

2 編註：茱莉・安德魯絲是英國女演員、歌手和作家，曾榮獲諸多領域許多獎項肯定。

得獎的主要推手：傑克．華納先生。」

這是好萊塢電影史上的經典時刻，我們之所以喜歡這段影片，是因為它提醒我們「塞翁失馬，焉知非福」的道理。演員對這一點感受尤其深刻，因為說到不公平待遇，好萊塢的女性工作者首當其衝。一次又一次，她們在台上說著，哪件事沒發生卻反而成為她們需要的契機，或是哪件事嚴重出錯卻反而使她們後來做了對的事。我們以為自己想要的東西，與我們後來得到的東西，兩者之間的距離便是魔法發生的地方。倘若事態完全符合預期，我們就不會被迫走上這條路。

一如藝術家在痛苦中創造出最棒的作品，碰到麻煩，也是人生中最棒的時刻。只要我們可以在這些時刻敞開心胸，而不是故步自封，一定可以大步踏入魔法時刻。

我把生命中所有因禍得福的時刻全部寫下來。我人生中的每一個精彩時刻出現之前，有沒有什麼令我痛苦的事情？哪些事情引領我走向精彩，儘管當下我並不知道？我我成立「女人說」部落格，是因為當時我找不到經紀人、出版社，也找不到工作。我老公是個善良的好人，我有機會跟他相識是因為我的前男友凱文劈腿。我面試了五個工作都沒錄取，後來應徵上行銷工作，所以才有機會成長跟學會將來如何行銷自己的品牌。

當我開始用這些角度思考人生，我漸漸把每一次延誤、等待、未回覆的電話當成契機。我沒有得到這些，是因為有更好的事要發生。飛機還不起飛，因為我必須晚兩個小時抵達邁阿密。說不定這樣我就不用塞在車陣裡，多花五十美元的計程車資。或許是因為我註定要巧遇某人。我被引導到這條路上，肯定是有原因的。

我筆記本裡與過去有關的事愈來愈少，與現在有關的事愈來愈多。我開始寫下在出乎意料的時刻裡，發生了哪些事。我在藥局排隊的人龍裡，腦中出現什麼想法或觀察到什麼事？我渴望得到的工作沒有錄取我，既然現在沒有後顧之憂，我可以冒險做哪些嘗試？我初到一個地方、孤身一人或是待在無意停留的地方時，認識了哪些人？

候機室成了命運之地。塞車成了內省時間。每件事都成了一場機遇的實驗。我對麻煩帶來的意外驚喜充滿期待。我開始隨身攜帶筆記本，無論是辦雜事、搭火車還是等待愛遲到的朋友都帶著。我怕忘記。我想記下命運的時刻。我想慎重對待因禍得福的魔法時刻。

往上跳之前，得先蹲下

但如果總是很順利、很完美，你會變得太安逸，懂嗎？偶爾也需要一點混亂，否則諸事順利的時候，你很難樂在其中。

——莎拉．迪森（Sarah Dessen），《這一秒接近永恆》（*The Truth About Forever*）〔3〕

這本書寫到接近尾聲的時候，我的堅強程度達到人生新高。五年來，我好像把各種壞心情都體驗了一遍，最後發現有一種壞心情最難捉摸，也出現得最自然。這是織毛衣的最後一條毛線，我迫不及待要織完這最後一針，然後穿上它。我得到我期待已久的能力：耐心。我更冷靜、更快樂，正在計畫搬去費城，住得離家人近一點。這幾年我和傑伊的感情從沒這麼好過，而且我們剛剛買了一間公寓。雖然需要付過戶結算費，還有一些意料之外的費用和很多意料之外的壓力，但是我一點也不怕。我已經脫胎換骨。現在的我比較堅強。就在這時候，我低頭一看，發現一個洞。毛衣被勾破了。有一條毛線鬆脫。

那是一通席薇亞打來的電話。我們上一次聯絡至少是八個月前的事，當時她剛搬到法國。她試過在紐約闖蕩，但是沒成功。我說我覺得她搬去法國是個好主意。我可以想像她帶著貝雷帽坐在咖啡館裡，在繚繞的煙霧與閃爍的藍光裡唱歌。我沒有告訴她，其實我為她感到憂心。她想做的事很難、很孤單，成功的機會也很小。

席薇亞不管做什麼都一事無成。她努力多年想登上百老匯舞台，在紐約待了八年之後，她決定搬去巴黎，因為她阿姨住在那裡，她覺得去歐洲說不定運氣會好一點。她在做這個決定之前，剛被交往十年的男友甩了，他們是在戲劇營認識的。可憐的席薇亞。身為朋友，我們心中都默默為她感到擔心。**她要試到什麼時候？她何時才會放棄夢想？這種情況還能持續多久？**

幾月前她搬家之後，我們講過電話。她說她在香榭里舍大道上專門騙觀光客的昂貴餐廳當服務生。「我三十三歲了，」她說，「居然還在端盤子。差別是現在我在法國端盤子。」時間一晃過了幾個月，雖然我們沒那麼常聯絡，但我有在社群媒體上追蹤她。她自己一個人住在一間位於郊區的陰暗套房。我注意到她家流理台上有好幾支葡萄酒空瓶。**她一定很寂寞**，我心想，**她很快就會回來**。

3 譯註：《這一秒接近永恆》繁體中文版由尖端出版社翻譯出版。

又過了幾個月，我已將席薇亞的事拋諸腦後。我的生活停滯不前，壞心情將我團困。我忘了這種壞心情存在著無形的另一面。這些麻煩和艱難時刻的背面，是一事無成的不甘心、遭受拒絕、未實現的夢想、從未降臨的好運。我知道怎麼耐心排隊，怎麼平靜地處理冷氣漏水，但還不知道怎麼處理壞心情的這一面。無止盡擔心自己終將徒勞無功。我經歷了各種壞心情，也終於得到自己想要的一切，但現在又被一種新的感受纏上：懷疑。接下來會發生什麼事？為什麼一切感覺如此遙遠？有什麼值得期待？

除了零星的簡訊往返，我們已經好一陣子沒聯絡。上一次席薇亞傳簡訊給我，是為了告訴我一個大消息。我已經在她的IG上看到她交了男朋友。我們一個共同的朋友告訴我，大家都叫他法國麥可·布雷。這個朋友還告訴我，席薇亞原本是跟麥可·布雷的朋友在一起，有次這位朋友帶他去席薇亞工作的餐廳，那天晚上她登台演唱。結束後他們一起去了一場派對，現在他們正在交往。我為她感到開心。她單身多年，現在終於遇到適合的對象。接下來幾個月，我旁觀她參加華麗的企業宴會，週末去羅馬、巴塞隆納、威尼斯度假，晚上去我們以前只能在窗外欣羨的巴黎高級餐廳吃飯。

然後，她打了這通電話給我。當時我坐在老位置廚房的中島旁，搬進新公寓的新鮮感已消退，一邊吃三明治一邊寫這本書的最後一章。這時她的名字突然在螢幕上閃爍。「Bonjour，席薇亞！」我盡最大的努力假裝開朗。她說，她要通知我一個大消息。還記得她的男友法國麥可．布雷嗎？他介紹自己的經紀人給她認識，現在她已簽了經紀約。她將去某個法國唱片公司試唱，雖然公司規模不大，但好歹是正經的唱片公司。她沒有炫耀，語氣平鋪直敘。她是為了徵求我的建議才告訴我這件事。我告訴她不會，現在跟男友同居不會太快；還有是的，我會去參加她的唱片發表會。

掛掉電話幾分鐘後，我哭了起來。雖然我替席薇亞感到高興，但是我覺得自己很慘。因為我拿自己跟她比較。拿我的人生跟她的人生比較。這通電話使我覺得除了我之外，大家都在進步。我工作了這麼多年，好像一點成就也沒有。一年前的席薇亞一無所有。沒有男朋友，沒有事業，沒有住在巴黎第六區的美麗公寓裡。現在她什麼都有了。短短的一天之內，因為那一個時刻，她的人生徹底改變。

最後這個想法為我帶來一絲希望。就好像站在泥濘的濕地上，儘管處境艱難，但改變一切，僅需一刻。我讓這個想法在心中沉澱、發酵。我有過許多那樣的時刻：遇見今生摯愛，在紐約的第一個工作機會，女人說。席薇亞還在苦苦掙扎的時候，我已經擁有這麼多。在這樣的情況下，我卻依然覺得自己錯過許多。

我突然想到生命就是如此。波濤洶湧，潮起潮落，高峰低谷。生命的節奏不是穩步上升的直線——若真是如此，我們應該會一飛衝西天。人生是由大大小小的時刻組成，有時魔法乍現，幸運、改變、機遇翩然降臨。結束後，我們再度上路，繼續努力、繼續付出、繼續作夢。當生命軌道似乎永遠不會改變的時候（例如新夢想或新目標無法實現，或是兩年前的魔法已逐漸消退、琵琶別抱），奇蹟再次發生。

這就是生命。單身多年，有一天突然遇見真愛。覺得下一個工作永遠沒有著落，結果你認為自己高攀不上的工作突然錄取你。揮汗工作了一週又一週，倒楣了一次又一次，終於迎來曙光。也許是一句讚美，也許是升職，也許是一次突破。

在你停止擔心、接受自己的狀態與行為的那一刻，一切會變得不同。在那之前，你的責任就是維持信念。為正在享受魔法時刻的朋友喝采，同時不要忘記你的魔法時刻終將到來。

讀到這裡，你一定知道我確實等到了我的魔法時刻。這幾年我不問結果埋頭苦幹、全心相信、抱持希望，終於等來這本書付梓出版，那一天，我的世界光輝閃耀。你手上的這本書證明了現況會改變，就像壞心情一樣——每一種壞心情都有可能撥雲見日。

我的魔法時刻跟席薇亞的一樣，還要再等個兩年、四年、五年，重要的是它一定會出現。如果你覺得做什麼都失敗，人生彷彿沒有出路，夢想破碎後灰飛煙滅，別忘了這都是必經之路。屬於你的時刻很快就會到來。打起精神，隨時留意。

轉念之後

我們不能永遠逃避責任，把責任加諸在父母、國家、世界、社會、種族、宗教上。或是像古人一樣託付諸神。在我們負起部份責任的同時，也將找到力量。

——阿內絲・尼恩

艱難使我看見生命方方面面、無窮無盡的豐富與美好，我們心中無謂的擔憂實在太多。

——伊莎・丹尼森（Isak Dinesen），丹麥作家

只要適當詮釋，任何情況都能成為契機。

——海倫・舒曼（Helen Schucman），《奇蹟課程》（*A Course in Miracles*）〔4〕

4 譯註：《奇蹟課程》繁體中文版由心靈平安基金會翻譯出版。

謝詞
Acknowledgments

給自己的書寫謝詞，是我長久以來的夢想。我在高中畢業紀念冊裡留下可怕的謝詞（《慾望城市》的台詞引述不可少），現在終於可以挽回清譽。一直以來我想感謝的人很多，這也是正式感謝他們的好機會。

首先，這本書和我的理智得以存在，都要感謝我的丈夫傑瑞－李・曼迪（Jarryd-Lee Mandy）。事實上，若不是他持續的支持、不厭其煩的鼓勵與過人的耐心，「女人說」不可能有這樣的影響力。他不但給我幸福的人生，在我的事業上也是一大功臣。

感謝比昂卡・薩爾文（Bianca Salvant）相信直覺，把我介紹給最面面俱到的文學經紀人，喬漢娜・卡斯蒂羅（Johanna Castillo）。喬漢娜，如果沒有你，這一切不可能發生。謝謝你相信我、指引我，在我偶爾感到絕望時拉我一把。你給我信心和起飛的跑道，讓我探索夢想——無論我的夢想有多荒誕。

感謝大中央出版社（Grand Central Publishing）、阿歇特出版集團（Hachette）與辛苦的工作人員，把這本書化為現實。謝謝凱倫・科斯托尼克（Karen Kosztolnyik）對我的寫作計畫充滿信心。謝謝莉亞・米勒（Leah Miller）在我和這本書身上賭了這一把，你的指導與耐心將這本書提升到超乎我想像的境界。大大感謝麥蒂・凱德威爾（Maddie Caldwell）一路陪我走到最後。她扶持我衝過終點線，是我心目中最優秀的編輯。

還有我的好友克莉絲蒂・貝維耶羅（Kristi Baviello），她在書稿雜亂無章也沒有頁碼時，就開始幫忙看稿子，而且從我們相識以來，就一直大力支持和鼓勵「女人說」。凱拉・英格利瑪（Kayla Inglima）多年來力挺「女人說」，還提供了大量葡萄酒。還有葛里芬・勞雪（Griffin Rauscher），你是超棒的鄰居、朋友兼支持者。

當然也要感謝我的爸媽。他們除了忍受書裡提到的那些鳥事，沒放進書裡的也不少。因為有你們的教導，我才知道如何追求夢想。最重要的是，謝謝你們忍受我這個陰晴不定的孩子。

最後我要感謝「女人說」這個大家庭。五年來，有好多人站出來分享自己的故事，用簡訊捎來支持和鼓勵，儘管電子報經常有錯字、結構不嚴謹，大家也不怪罪我。你們都是我的家人，這本書因你們而存在，也為你們而存在。

INSIDE 28

心情之書 擺脫爛情緒泥淖，我的美好生活要訣

THE BOOK OF MOODS How I Turned My Worst Emotions Into My Best Life

作　　者　蘿倫・馬汀（Lauren Martin）
譯　　者　駱香潔
責任編輯　林慧雯
封面設計　蔡佳豪

編輯出版　行路／遠足文化事業股份有限公司
總 編 輯　林慧雯
社　　長　郭重興
發行人兼出版總監　曾大福
發　　行　遠足文化事業股份有限公司
23141新北市新店區民權路108之4號8樓
代表號：（02）2218-1417　客服專線：0800-221-029　傳真：（02）8667-1065
郵政劃撥帳號：19504465　戶名：遠足文化事業股份有限公司
歡迎團體訂購，另有優惠，請洽業務部（02）2218-1417分機1124、1135
法律顧問　華洋法律事務所　蘇文生律師
特別聲明　本書中的言論內容不代表本公司／出版集團的立場及意見，由作者自行承擔文責。

印　　製　韋懋實業有限公司
初版一刷　2022年7月
定　　價　420元
I S B N　9786269584468
9786269622306（PDF）
9786269622313（EPUB）

國家圖書館預行編目資料

心情之書：擺脫爛情緒泥淖，我的美好生活要訣
蘿倫・馬汀（Lauren Martin）著；駱香潔譯
一初版一新北市：行路出版，
遠足文化事業股份有限公司發行，2022.07
面；公分
譯自：The Book of Moods:
How I Turned My Worst Emotions Into My Best Life
ISBN 978-626-95844-6-8（平裝）
1. CST: 情緒管理　2. CST: 生活指導
3. CST: 自我實現
176.52　　111006346